대한민국 대통합
찢는 정치꾼 잇는 유정복

| | |
|---|---|
| **지 은 이** | 유정복 |
| **초판발행** | 2025년 3월 13일 |
| **발 행 인** | 양원석 |
| **발 행 처** | DH미디어 |
| **디 자 인** | 홍주연 |
| **전　　화** | 02-2272-9731 |
| **등록번호** | 제 2017-000022호 |
| **도서 정가** | 20,000원 |

※ 잘못 만들어진 책은 구입처 및 본사에서 교환해 드립니다.

**대한민국 대통합**
# 찢는 정치꾼 잇는 유정복

유정복 지음

## 책을 내며

30대 나이에 민선 김포군수로 시작했던 정치 여정이 30년이 되었다.

그동안 숱한 정치 상황을 경험하면서 대한민국은 정치적으로도 역동성이 매우 큰 나라임을 확인할 수 있었다. 그 역동성은 대한민국을 세계 6위의 강한 나라로 부상시켰으나 자살률과 빈곤율 그리고 갈등 지수 등의 우울한 지표도 함께 가져온 것이 현실이다.

국민의 우수한 역량은 살려야 하고 사회적 우울함은 극복해야 우리의 미래를 희망으로 만들어 갈 수 있다. 그 과제는 정치로부터 풀지 않으면 안 된다고 생각한다.

4류 정치를 한 단계 한 단계 상승시켜 일류 정치 문화를 이루어낸다면 우리나라도 G3 국가로 도약할 수 있다는 믿음을 갖고 있다.

이를 위해서는 현실에 대한 정확한 진단과 함께 필요한 수술을 하는 혁신적 국가 대개조 프로젝트를 추진하는 정치·행정적 개혁이 필요하다.

낡은 헌법을 버리고 시대정신에 맞는 새 헌법을 만드는 것부터 시작하여 기존의 잘못된 권위주의와 특권문화, 서열문화, 관행 문화를 타파하는 새로운 문명시대를 열어가는 가열찬 노력이 선행되어야 한다.

그리고 그 중심에 정치가 있을 수밖에 없고 정치의 중심에는 대통령과 권력자들이 있게 되는데 역량과 자질을 가진 사람을 제대로 세우는 일이 가장 중요한 일인 것 같다.

대한민국은 남북이 분단된 것뿐만 아니라 지역간·계층간·세대간 심각한 분열이 있는 것이 사실이고 특히 정치이념에 따른 분열이 심각한데 여기에는 정치권의 잘못이 크다고 본다.

이렇게 찢겨 진 대한민국을 대통합시키는 리더십이 중요한 때이다. 능력과 도덕성은 물론 국민통합을 이룩할 리더가 요구되는 것이다.

나는 공직 생활을 하는 동안 공적 지위를 이용하여 사적 이익을 취하지 않는다는 분명한 철학을 지켜왔다.

30년 전 지연·혈연·학연도 없고 그리고 정당도 없이 김포군수에 출마한 것은 '나를 필요로 한다'는 주민들의 마음에 감동하여 자신을 던졌던 일이 바로 나의 정치 철학의 기초가 되었음을 고백한다.

그리고 지금 국민 대통합을 통한 새로운 대한민국을 만드는 것이 시대정신이라면 그 책임 또한 마다하지 않겠다.

그동안 경험해 왔던 모든 역량을 갖고 시민을 위함은 물론 나라를 위하고 국민을 위해 신명을 다 바칠 것을 다짐해 본다.

2025년 3월

**유 정 복**

# 유정복 연보

1957년  인천 송림동 출생

1970년  인천 송림초등학교 졸업
1973년  인천 선인중학교 졸업
1976년  인천 제물포고등학교 졸업
1979년  제23회 행정고시 합격(22세)

1980년  연세대학교 정치외교학과 졸업
1980년  행정사무관 시보
1981년  육군학사장교 1기 임관
1984년  강원도청
1987년  내무부(재정국, 행정국)
1988년  서울대학교 행정대학원 석사 졸업

1993년  경기도 기획담당관
1994년  김포군수
1995년  인천광역시 서구청장
1995년  초대 민선 김포군수
1998년  초대 김포시장
1998년  2대 김포시장
2004년  연세대학교 정치학 박사 수료
2004년  17대 국회의원

2005년　한나라당 제1정책조정위원장
2005년　한나라당 대표 비서실장
2007년　대한민국 육군학사장교총동문회장
2008년　대통령당선인 중국특사
2008년　18대 국회의원
2008년　국회 연구단체 '선진사회연구포럼' 대표
2009년　대통령 EU 특사

2010년　농림수산식품부 장관
2010년　FAO 아·태지역 총회의장
2012년　대한민국 국민생활체육회 회장
2012년　19대 국회의원
2013년　행정안전부 장관
2013년　안전행정부 장관
2014년　민선 6기 인천광역시장

2015년　대한민국 시도지사협의회 회장
2018년　미국 조지원싱턴대학 방문학자
　　　　(Visiting Scholar)
2019년　(재)국민건강진흥재단 이사장
2021년　윤석열 대통령경선후보 공동선대위원장
2022년　민선 8기 인천광역시장
2025년　대한민국 시도지사협의회 회장

# 차례

## 1 미래세대를 위한 소명

- 경인고속도로에서 접한 비상계엄 뉴스 / 16
- 헌정 중단은 막아야 / 19
- 대한민국은 미래를 향해 전진해야 / 24
- 대한민국의 시대정신 / 27
- 분권형 개헌은 경제 살리는 개헌 / 31
- 헌법 제84조 개정의 취지 / 41
- 선거관리위원회의 외부감사 필요성 / 43
- 대한민국시도지사협의회 헌법개정안 / 48
- 개헌안 공표 회견문 / 55
- 찢는 정치인 잇는 유정복 / 62

## 2 인천이 대한민국이다

- '천원주택' 접수 첫날부터 뜨거운 반응 / 66
- 2024.7. 천원주택 발표 / 71
- 인천형 저출생 정책모델의 전국적 확대 필요성 / 74
- 인천에서 아이 낳으면 1억 원 지원 / 79
- 인천이 해낸 일 전국으로 확대하자 / 85
- 대한민국 대개조의 모태가 될 인천형 행정체제 개편 / 92
- 민선 8기 2년 반의 성과 / 103
- 글로벌 탑10 시티를 향하여 / 105
- 다시 이룬 대한민국 제2의 도시 / 108
- 최고의 브랜드가치 인천 / 110

# 3 준비된 유정복 검증된 삶의 궤적

- 유정복의 정치 서막 / 116
- 유정복의 정치 신념 / 123
- 두 번의 청문회 청백리 입증 / 128
- 내가 필요하다는 곳에 나를 던진 정치 여정 / 132
- 생명 평화 안보의 파수꾼 / 144
- 다시 정복한 민선 8기 인천광역시장 / 156

# 4 부록

- 대한민국을 위한 격정토로(인터뷰 모음) / 178
- 사진과 함께 보는 발자취 / 272

# 1

## 미래세대를 위한 소명

- 경인고속도로에서 접한 비상계엄 뉴스 / 16
- 헌정 중단은 막아야 / 19
- 대한민국은 미래를 향해 전진해야 / 24
- 대한민국의 시대정신 / 27
- 분권형 개헌은 경제 살리는 개헌 / 31
- 헌법 제84조 개정의 취지 / 41
- 선거관리위원회의 외부감사 필요성 / 43
- 대한민국시도지사협의회 헌법개정안 / 48
- 개헌안 공표 회견문 / 55
- 찢는 정치인 잇는 유정복 / 62

# 경인고속도로에서 접한 비상계엄 뉴스

12월 3일 저녁에는 시정 업무를 마치고 모교인 연세대 정치외교학과 총동창회가 개최한 송년의 밤 행사에 참석했다. 내가 8년 동안 총동창회장을 하다가 박대출 의원(국민의힘)에게 회장직을 물려주는 날이었다. 홀가분한 마음으로 동문들과 식사를 하고 인천으로 되돌아오는 차안에서 '밤 10시 대통령 긴급 담화 예정'이라는 내용의 뉴스 자막을 봤다. 이게 무슨 일이지? 차 안에서 대통령의 담화 방송을 봤다. 비상계엄 선포였다.

나는 집으로 향하던 차량을 돌려 바로 시청으로 갔다. 주요 간부들에게도 시청으로 집결하도록 했다. 서해 5도를 비롯해 북한과 맞닿아 있는 최접경지 인천광역시장으로서 나는 먼저 안보상황을 점검했다. 지역통합방위협의회 의장으로서 응당히 해야 할 일이었다. 지역 향토사단과 인천경찰청, 소방당국에도 안보와 치안에 소홀함이 없도록 해달라고 당부했다.

계엄 당일 밤에 잠을 설치고 새벽에 일어나자 인천시민과 국민들을 안심시키기 위해 2024년 7월에 출범한 국민의힘 시·도지사협의회의 회장으로서 전국 광역단체장들의 견해를 모아 입장을 밝히는 일부터 시작했다.

공동입장문은 계엄선포로 인한 혼란에 대한 유감 표명과 계엄이 즉각적으로 해제된 것에 대한 평가, 그리고 경제와 대외 리스크 관리에 대한 당부, 대통령과 정치권에 대한 호소 등을 담았다. 비상계엄에 대해 전국 12개 시·도 단체장이 신속하게 공동입장문을 발표한 것은 사태수습에 중요한 역할을 했다. 이후의 다소 혼란스런 수습과정에 비추어 단체장들의 공통된 견해는 사태수습의 정방향을 가리키고 있었다는 점에서 당시 입장문을 돌아볼 필요가 있다.

> 지난 밤 윤석열 대통령의 계엄선포로 국민과 정치권 그리고 국제사회에까지 큰 혼란을 초래한 이번 사태에 대해 깊은 유감을 표합니다.
>
> 비상계엄 선포 후 국회의 계엄해제 요구안이 가결되면서 계엄은 즉시 해제되었고, 우리 사회가 성숙한 민주주의 국가임이 확인된 것은 다행입니다.
>
> 1. 윤석열 대통령께서는 이번 비상계엄 선포에 대해 국민들께 사과하고 향후 국정안정과 쇄신을 위한 조치에 대해서도 분명한 입장을 표명해야 합니다.
>
> 2. 또한, 대통령께서는 국민생활에 불편이 없도록 하는 일과 함께 외신에서도 놀랍다는 반응이 있는 만큼 국가신용도와 경제불안이 없도록 대외 리스크 관리에도 필요한 조치를 해야 합니다.
>
> 3. 정치권도 이번 사태를 계기로 헌법정신과 법치주의에 기반하여 오직 국민과 국가의 미래만을 생각하는 정치활동을 기대하며 당리당략은 자제해 주시길 바랍니다.

4. 국민의힘 시도지사 모두는 국민들이 안심하고 일상생활에 불편함이 없도록 최선을 다하겠습니다.

2024. 12. 4.

국민의힘 시·도지사협의회 회장 인천시장 유정복

서울시장 오세훈  부산시장 박형준  대구시장 홍준표

대전시장 이장우  울산시장 김두겸  세종시장 최민호

강원지사 김진태  충북지사 김영환  충남지사 김태흠

경북지사 이철우  경남지사 박완수

# 헌정 중단을 막아야

"현재 대한민국은 중앙집권적 정치와 극심한 진영주의로 인해 갈등의 정점에 놓인 상황입니다. 정치력과 진실성·진정성과 같은, 정치가라면 필수적으로 함양해야 할 덕목들을 뒤로한 채, 오로지 중앙권력을 획득하기 위해 보여주기식 망국적 포퓰리즘을 앞세운 함량 미달의 정치인들로 인해 대한민국은 현재 병들어가고 있습니다. 1극 체제로 표현되는 제왕적 대표를 향한 헌법기관들의 부끄러운 줄서기 같은 중앙당 정치문화의 부작용이 누적된 지 오래입니다. 사법리스크, 방탄국회, 개인 사당화 등이 거론되는 정치인은 국가 지도자로서 자격이 없습니다. 국민 에너지를 한데 모을 수 있는 통합의 지도자가 필요한 시점입니다."

(2025.1.19. 월간중앙 숏터뷰)

계엄해제 이후 정국은 급속하게 탄핵국면으로 바뀌었다. 이전부터 대통령 탄핵을 거론하던 민주당은 국무위원 등에 대한 29회의 탄핵 시도에 이어 대통령 탄핵소추에 나섰다.

나는 노무현, 박근혜 대통령에 이어 세 번째 탄핵으로 인한 헌정

중단을 찬성하기 어려웠다. 정치적으로 풀어야 할 문제를 탄핵소추와 직무정지라는 극단적 방법으로 해결하려는 것은 혼란의 끝이 아니라 새로운 혼란의 시작이 될 것이고, 여야의 숙의와 대통령의 결단을 통해 국민적 동의가 가능한 대안을 마련하는 것이 바람직하다고 보았기 때문이다.

12월 9일 국민의힘 시·도지사는 이러한 취지를 담아 국민에게 참회하는 마음으로 두 번째 공동입장문을 발표했고 그 내용은 국민의힘 시·도지사 모두는 오늘의 정치상황에 대해 참회하는 마음으로 사과 드리면서 그러나 대통령의 탄핵만은 막아 더 이상의 헌정 중단사태는 일어나지 않기를 바란다는 것이었다.

이를 위해 윤석열 대통령은 책임총리가 이끄는 비상거국내각을 구상하고 2선으로 물러나야 하고 또한 임기단축 개헌 등 향후 정치일정을 분명히 밝혀주기 바란다고 했다.

하지만 여야는 국회에서 대립하고 대통령의 결단은 나오지 않는 가운데 '제2의 계엄 시도' 논란이 불거지고 국론분열이 심화되면서 시민들의 불안감은 가라앉지 않았다.

12월 9일에 나는 SNS를 통해 민생안정을 위한 각오를 피력했다.

현 정국에 대해 많은 시민들이 불안해하고 있는 가운데 지역의 안정과 민생 문제에 대해서도 우려하고 있어 인천시는 어떠한 국정 상황에서도, 민생과 시민들의 일상을 지켜나가기 위해 행정부시장을 반장으로 민생안정 T/F를 구성하도록 했고, 이 T/F를 중심으로 민생을 챙기면서 특히 취약계층과 소상공인 보호 대책도 마련하도록 했다.

내년에 추진할 정책이 차질을 빚지 않도록 시의회 등과 긴밀히 협의하여 예산 심의가 이루어지도록 했고 통합방위협의회, 자치경찰위원회 등 유관기관과도 긴밀한 상황관리 체제를 유지하도록 했고 인천시 공직자 모두 각자의 자리에서 본연의 업무에 최선을 다하도록 했다.

이렇게 각 지역 단체장들을 중심으로 국민을 안심시키기 위한 노력이 계속되었지만, 정국은 중도적인 해법을 찾지 못하고 심리적 내전상태로 비화되었다. 국회 탄핵소추 의결 정족수 논란과 고위공직자수사처에 대한 불신 등이 겹쳐 정치적 타협에 의한 수습은 더욱 어려워지고, 이에 따라 대통령의 결단과 여야 합의는 요원해졌다. 이러한 혼란으로 인한 분열과 갈등은 광역단체장들에게 그 불똥이 튀었고, 인천도 예외는 아니었다.

이처럼 국정혼란과 경제불안이 심화되면서 나는 원칙적으로 탄핵으로 인한 헌정중단을 반대하지만 사태수습을 위한 현실적 방안으로 헌법에서 정한 법적 절차를 밟는 방안이 불가피하다는 생각에 이르렀다.

즉 국회에서 표결을 통해 소추안의 가부를 정하고, 가결되면 헌재의 심판과정을 통해 책임을 가려 국민이 납득할만한 수준에서 사태를 매듭짓는 것이 불가피한 상황이 된 것이다.

당시 한동훈 대표는 윤 대통령과 면담을 마친 다음에 자진사퇴 등 정국수습 방안을 기대하기 어렵다고 전하면서 대통령의 직무정지가 필요하다는 입장을 밝혔던 것이다. 반면에 계엄의 정당성을 강조하며 맞서 싸우겠다는 대통령의 담화는 여론의 거센 역풍을 초래하고 있었다.

나는 탄핵 '찬성', '반대'를 표명한 바는 없다.

이미 국회에서는 찬반을 떠나 탄핵소추 표결에 참여하는 것이 불가피한 상황에서 국회가 국민의 뜻을 존중해줄 것을 요청한 것이다.

일부 다른 시·도지사들도 사태수습의 현실적 방안으로 국회표결 등 탄핵소추에 관한 법적 절차를 진행해야한다는 입장을 밝혔다.

각자의 표현은 조금씩 달랐지만 공통적으로 국회절차를 밟는 것이 불가피하다는 것이었고, 그것이 곧 대통령의 파면을 지지한다는 맥락은 아니었다. 당초에 나를 비롯해 대다수 단체장들은 대통령의 결자해지로 정국이 수습되는 것이 국가적으로 바람직하다고 생각했다.

이러한 상황에서 나는 12월 16일 다시 한번 국민에게 죄송한 마음으로 민생안정의 각오를 밝히면서 야당의 행태에 대한 시민들의 정당한 질책을 대변했다. 탄핵국면이 대통령의 책임만이 아니라 야당 대표의 책임도 따지는 시간이기 때문이다.

정상적 국정운영이 불가능했던 것은 국회에서 탄핵을 일삼아 왔던 무소불위의 민주당과 당 대표 1인을 위한 계속된 의회 폭주 사태 때문이었고 국정을 혼란에 빠트렸던 중심에는 언제나 민주당과 이재명 대표가 있다고 지적했다.

그래서 민주당이 마치 집권이라도 한것처럼 행동하고 이재명 대표는 흡사 대통령이 된 것처럼 행동하고 있는데 이제부터는 의회 폭거로 오늘의 사태를 야기한 야당과 불법비리 혐의로 재판을 받고 있는 이재명 대표에 대해 심판해야 할 시간이라는 점을 분명히 얘기했다.

그러자 민주당 소속 인천시 시의원들이 시장실에까지 와서 항의하는 소동까지 있게 되었고 국민의힘은 이러한 민주당소속 시의원들에 대한 강력한 규탄을 하는 일까지 일어났다.

## 대한민국은 미래를 향해 전진해야

"우선 능력이 있어야 합니다. 대중의 인기를 끄는 능력이 아닌, 국가를 경영하고 관리할 능력 말이죠. 요즘 '초보 정치'의 후유증을 말하잖아요. 경험 부족, 역량 부족은 한계 상황과 맞닥뜨리게 마련입니다. 또 세상을 보는 균형 잡힌 시각도 중요하지요. 다시 말해 일에 대한 역량, 신념, 가치관, 애국심을 두루 겸비한 지도자를 대한민국은 필요로 하고 있습니다. 지금 그렇지 못한 이들이 오히려 기세등등합니다. 그래서는 안 되는 거죠. 누구든 허물은 있겠지만, 국가 지도자가 돼서는 안 되는 허물을 가진 사람이 다음 지도자 반열의 중심에 있어서는 곤란합니다."

(2025.1.20. 월간중앙 특별인터뷰)

12월 17일에는 연말의 경기침체로 한숨 소리가 커지는 소상공인들과 중소기업의 지원을 위해 인천상공회의소, 소상공인연합회 등 25개 경제인단체, 인천신용보증재단 등 유관기관과 긴급 대책회의를 갖고 대응방안을 논의했다.

'개가 짖어도 기차는 간다'는 말처럼 혼미한 정국 속에서도 미래로 향하는 길은 열리기 마련이다. 나는 12월 17일에 제18대 대한민국시도지사협의회 회장으로 선출되었다. 17개 시·도지사로 구성된 협의회에서 만장일치로 추대된 것이다.

계엄과 탄핵 논란으로 어수선한 연말이었지만 희소식은 계속 이어졌다. 12월 20일 통계청의 2023년 지역소득(잠정) 추계 결과에서 인천의 지역경제성장률이 4.8%를 기록해 전국 17개 시·도 중에서 1위를 차지한 것으로 나타났다. 또한 지역내총생산(GRDP)이 117조에 달해 서울특별시에 이어 두 번째로 높았다. 사실상 인천광역시가 부산광역시를 제치고 제2의 도시로 부상한 것이다.

일국의 수도에 특별시라는 명칭을 붙인 나라가 세계에서 없는 것으로 알고 있다. 여기에 특별자치도, 특별자치시, 특례시 등을 붙인 시·도가 계속 늘어나고 있다. 그동안 서울에 집중되었던 국가예산과 각종 혜택은 더 이상 지속될 수 없고, 수도권과 지방의 불균형 격차를 더 이상 방치할 수 없다. 이제는 서울과 광역시·도의 균형발전, 수도권과 지방의 상생을 뒷받침할 수 있는 지방분권 개헌이 이뤄져야 한다.

다음 날에는 비상한 시기에 최고지휘관이 교체되는 한미연합사의 사령관 이취임식에 참석했다. 한미동맹 강화가 매우 중요한 시기에 여당의 시도지사협의회장으로서, 접경지역인 인천의 단체장으로서 안보에 대한 강력한 관심과 지지를 직접 보여줄 필요가 있었기 때문이다. 이 자리에서 파파로(Samuel Paparo) 인도태평양 사령관을 만나 이러한 의지를 전하고 올해 75주년을 맞이하는 인천상륙작전의 기념식에도 참석해 줄 것을 요청하였다.

대한민국시도지사협의회 회장은 지난 민선 6기의 협의회장에 이어 두번째 취임이다. 과거와 달라진 것은 '중앙지방협력회의 구성 및 운영에 관한 법률'에 따라 대통령이 중앙지방협력회의 의장을 맡고, 국무총리와 시·도지사협의회장이 공동 부의장을 맡게 되었다는 점이다.

하지만 대통령의 직무정지에 이어 국무총리의 직무정지로 인해 부총리가 권한대행의 권한대행을 맡는 초유의 사태가 벌어지면서 2025년 신년 초에 기대되었던 중앙지방협력회의는 기대하기 어려워졌다. 하지만 비상한 국면에서 국민의힘 차원의 협의회를 넘어 전국의 모든 시·도지사가 참여하는 협의회의 회장이 된 것은 내게 '미래의 소명'으로 다가왔다.

파파로(Samuel Paparo) 인도태평양 사령관과 함께

# 대한민국의 시대정신

대한민국에 필요한 시대정신은 무엇인가? 다음 선거가 아닌 다음 세대를 생각하는 정신이 필요하다. 당장 선거 승리로 권력을 잡을 수는 있겠지만, 다음 세대에 대한 투자와 대비가 없다면 아무 소용이 없다. 현재 대한민국은 국내적으로 정치는 물론, 경제와 사회 등 전반에 걸쳐 거대한 변곡점에 서 있을 뿐만 아니라 국제정세 또한 심상치 않은 상황이다.

뱀은 탈피를 앞두고 며칠 동안 움직임을 줄이고 먹지 않으며, 눈이 희뿌옇게 변하여 마치 죽기 직전인 것처럼 쇠약해진다고 한다. 이 시기에는 천적과 주변의 위험한 환경에 고스란히 노출돼 뱀에게는 그야말로 사활을 건 행위인 셈이다. 이는 현재 대한민국과도 같다고 생각한다. 모두 힘들고 괴로운 시기일지라도 낡고 약해진 허물을 벗고 고통과 위험을 수반한 성장통을 거쳐 더욱 새로운 대한민국으로 거듭나기 위해, 다음 세대를 위해 탈피와 쇄신을 하는 것이 지금 대한민국에 필요한 시대정신이다.

대한민국의 미래를 위해 가장 중요한 변화는 '권력분산'에 있다. 내가 대한민국시도지사협의회 회장으로서 지방분권형 개헌에 앞장서는 까닭이다. 대통령은 외교와 안보, 경제정책과 무역정책 등을 전담

하고 나머지는 총리를 정점으로 하는 탈중앙 지방분권 정책추진이 바람직한 것이다. 국회의 민주성을 높이기 위한 양원제와 중대선거구제 도입, 진정한 지방분권을 위해 국회의 세종시 이전과 대통령의 제2집무실을 세종시에 설치하는 방안 등을 추진할 필요가 있다.

12월 25일 성탄절을 맞이하여 새로운 헌법의 탄생을 바라는 마음을 담아 지금이 개헌의 최적기라는 글을 페이스북에 올렸다.

> 지금이 개헌 최적기입니다
>
> 지금의 정치적 혼란을 수습하고 앞으로의 대한민국의 정치 안정을 위해 대선 전 개헌이 필요합니다.
>
> 개헌안에는 제왕적 대통령제의 폐해를 막기 위한 대통령 권한 축소와 현행 중앙정부 중심의 국정운영을 지방정부의 분권강화 방식으로 전면개편하는 내용을 담아야 합니다.
>
> 또한, 지금과 같은 여소야대의 정치 구도에 따른 국정혼란을 막기 위해 중대선거구제를 통한 여야 균형 유지와 약 50여개 지역의 광역단위에서 선출하는 상원의원을 두는 양원제 도입이 필요합니다.
>
> 이번 개헌을 통해 선출되는 대통령은 2028년 제 23대 국회 개원 전까지로 임기를 제한해야 합니다.
>
> 지금이 제왕적 대통령제를 끝내고 진정한 민주공화국 시대를 열어가는 미래를 준비할 적기입니다.
>
> (유정복 인천광역시장 페이스북, 2025.12.25)

하지만 압도적 의석의 민주당은 개헌논의를 일체 거부하고 연말에도 '막가파식 탄핵폭주'를 지속했다. 정족수 논란에도 불구하고 대통령의 대행을 맡고 있는 한덕수 총리에 대한 탄핵 소추안을 발의하고, 여당의 반대에도 불구하고 야당 단독으로 처리함으로써 부총리가 대행의 대행을 하게 된 것이다.

윤석열 대통령의 비상계엄 선포에 대한 위법성과 정치적 책임을 따지는 것처럼 선거법 위반, 위증 교사, 대장동 비리, 쌍방울 그룹을 통한 대북 우회 송금 등 8개 사건의 재판에서 12가지 범죄 혐의를 받는 이재명 민주당 대표도 그에 합당한 사법부의 심판을 받아야 한다.

# 분권형 개헌은 경제 살리는 개헌

"대한민국이 진정한 민주주의를 이룩하고 또 국민이 행복한 선진 대한민국을 만들기 위해서는 오늘의 권력구조, 정치 문화가 어떠한 것인가에 대한 진단에서부터 출발해야 된다고 봅니다. 대한민국은 지금 대통령과 중앙정부, 국회가 과도한 권력 행사를 함으로 인해서 빚어지는 각종 문제를 해결해야 합니다. 이것은 바로 헌법을 개정해서 분권형으로 감으로 인해서 오늘의 권력과잉 문제를 해소시켜나 갈 수 있습니다. 본격적으로 개헌이 이루어질 수 있도록 하는 국회 대토론을 거쳐서 미래의 바람직한 대한민국을 만들어가는 데 역할을 다하고자 합니다."

(2025. 2. 26. YTN 뉴스플러스)

2025년 새해를 맞이하여 '위기를 맞아 잘못됨을 바로잡고 나라를 바로 세운다'는 뜻으로 부위정경(扶危定傾)을 신년 화두로 잡았다. 이러한 마음가짐으로 2월 12일 프레스센터에서 대한민국시도지사협의회장의 자격으로 신년 기자회견을 갖고 지방자치 30주년에 즈음하여 미래의 30년을 위한 구상을 밝혔다.

　기존의 중앙정부 중심 체제에서 벗어나 지방분권을 강화하고, 중앙정부와 지방정부가 대등한 관계에서 서로 협력하면서 새로운 지방시대를 열기 위해서는 대통령에게 집중된 권력을 적절히 분산하고 중앙에 집중된 권한을 지방으로 분산해서 민주주의의 발전과 효율적인 정부운영으로 국민들의 삶을 행복하게 만들어야 한다. 이를 위한 첫걸음이 지방분권형 개헌이고, 이러한 제도적 혁신이 뒷받침되어야 대한민국을 이끌어나갈 능력과 진정성을 갖춘 통합의 리더십을 발휘할 수 있다.

　"몸에 맞는 옷을 입어야 합니다. 지금 헌법은 우리 국민의 몸에 맞지 않습니다. 국민의 몸에 맞는 헌법으로 갈아 입어야 합니다. 개헌은 국민을 위한 일입니다. 개헌안이 정치개혁, 행정개혁을 담고 있지만, 경제를 살리는 개헌, 국민을 살리는 개헌, 대한민국을 살리는 개헌입니다. 한 사람만 개헌에 반대하고 있습니다. 정대철 헌정회장을 비롯한 정치원로들도 이재명 대표만 참여하면 한 두 달 안에 개헌이 이뤄질 수 있다고 입을 모으고 있습니다."

(2025.3.6. TV조선, 이슈분석)

그런데 2월 19일 MBC 백분토론에서 이재명 민주당 대표가 개헌논의를 '빨간 넥타이 매신 분들이 좋아할 일'이라면서 반대입장을 표명했다. 신년 초부터 역대 국회의장과 국무총리를 비롯해 정치원로와 각계 인사들을 찾아가 개헌논의에 대한 공감대를 형성했던 나의 노력이 일순간에 빨간 넥타이로 폄하되는 것을 좌시할 수 없었다. 나는 이 대표의 백분토론 발언과 관련해서 2월 21일 국회에서 기자회견을 갖고 강력하게 비판했다.

그동안 나는 대한민국 시도지사협의회장으로서 개헌의 화두를 들고 우원식 국회의장, 정대철 헌정회장을 비롯한 국가원로들을 만났다. 한결같이 지금이 개헌의 적기이고 국회만 동의한다면 한 달 이내에도 개헌이 가능하다는데 의견을 함께 했다.

민주당 출신의 정세균 이낙연 김부겸 전 총리도 적극적으로 개헌을 주장하고 있다. 국민의힘 권영세 비대위원장, 주호영 개헌특위 위원장도 분권형 개헌의 필요성과 지금이 개헌의 적기라는 점에 동의했다. 우원식 국회의장과 주호영 국회부의장이 모두 개헌에 적극적인데 야당 대표 한 명이 국회의 논의를 가로막고 있는 셈이다. 정대철 헌정회장의 말마따나 "개헌은 한 사람만 설득하면 된다."는 개탄이 나올 지경이다. 민주당 내부의 일극체제가 초래한 정치현실이 암담하지만 개헌논의는 더 이상 막을 수 없는 시대적 대세가 되었다.

"이재명 대표와 민주당은 개헌보다 내란 극복이 우선이라는데."(진행자)

"그 당에서 특검을 반대하는 사람이 범인이란 플래카드를 건 적이 있습니다. 지금은 개헌에 반대하는 사람이 반민주주의고 대역죄인입니다."

(2025.3.5. YTN 라디오 뉴스파이팅, 김영수입니다)

오늘의 정국혼란을 초래한 구조적 요인은 87년 헌법체계에서 비롯된 중앙정부와 국회의 과도한 권력집중이란 점에서 탈중앙권력의 분권형 개헌이 필요하다. 입법독재·의회독재라는 말이 회자될 정도로 국회의 권능을 명분으로 '줄탄핵'과 같이 정제되지 않은 무소불위의 권력행사는 민주주의를 왜곡하고 저해한다. 이러한 문제를 예방하려면 분권형 개헌이 필요하다.

"대통령과 국회가 너무 과도한 권한을 행사하는 현행 제도를 보완할 필요가 있지요. 제가 제왕적 대통령제의 폐해를 막기 위해 대통령의 권한을 축소하고, 지방정부 권한을 강화하는 분권형 개헌을 올 초 제안한 것도 이런 취지 때문입니다. 여소야대 정치 구도에 따른 국정 혼란을 해소하기 위해 중대선거구제와 양원제를 도입해야 합니다. 현행 국회의원 선거제도에서는 국민의 의사가 굴절될 수밖에 없어요. 지난해 총선에서 민주당과 국민의힘 지역구 득표율 차는 5.4%포인트에 불과하지만, 민주당(161석)은 국민의힘(90석)보다 무려 71석이나 많이 가져갔습니다. 이런 제도는 우리나라처럼 이념적 대결이 극심한 나라에서는 더 더욱 큰 혼란을 초래합니다."

(2025.1.20. 월간중앙, 특별인터뷰)

또한 대통령 4년 중임제를 통해 임기 4년에 대한 평가와 재신임의 기회를 부여하여 5년 단임제의 폐단인 독선적 국정운영과 이에 따른 임기말 누수로 되풀이되는 국가적 위기를 예방할 수 있으며, 미국처럼 부통령을 두어 유사시에 대통령직을 승계하도록 하면 지금처럼 직무정지나 궐위로 인한 혼란과 졸속 대선으로 인한 국력낭비를 막을 수 있다.

"지금 정국이 혼란스럽고 또 대통령이 궐위가 생겼을 때, 즉 유고가 됐을 때는 대선을 치러서 대통령을 선출함에 따른 국력 낭비와 혼란이 있는데 정부통령제를 추진해서 대통령이 문제가 있다고 하더라도 부통령이 바로 대통령이 되는 이런 제도를 통해서 대선을 또 치르는 혼란을 막을 수 있고 또 국민들로부터 선택받은 부통령이 사실상의 제2인자로서의 권한 행사를 하게 되면 지금과 같은 권력의 과도한 행사를 막을 수 있는 장치가 된다."

(2025.3.5. YTN 라디오, 뉴스파이팅 김영수입니다)

우리 헌법에 수도에 관한 규정이 없어서 헌법재판소가 서울이 관습법상의 수도라고 했으나, 이제는 시대의 변화와 국가적 요구에 맞게 헌법에 수도에 관한 규정을 법률로 정할 수 있도록 명시할 필요가 있다.

"우리나라 법률에 수도를 어디로 한다는 규정이 없어서 과거 수도 이전 논란이 있었을 때 서울을 관습법상의 수도라고 헌재에서 판시한 바가 있습니다. 궁극적으로 행정의 비효율성을 극복하고 국가균형발전을 위해서는 수도를 법률로 정할 수 있도록 명시하자는 것입니다. 지금 세종시에 거의 모든 중앙부처가 있지 않습니까? 여기에 우선은 국회가 가야 한다고 생각합니다. 그럼으로 인해서 행정의 비효율성을 극복할 수가 있고 종국적으로는 대통령도 세종시로 가게 되면 명실 공히 이것이 수도이전이 되는 겁니다. 그러나 대통령의 경우는 국회에 늘상 가는 게 아니기 때문에 초기단계에서는 세종시에 제 2의 집무실을 둘 수도 있습니다."

(2025.3.5. YTN 라디오 뉴스파이팅, 김영수입니다)

이와 함께 개헌을 통해 국회를 양원제로 바꾸고, 소선거구제를 중대선거구제로 바꾸어 작금의 진영논리에 갇힌 정치문화를 근본적으로 혁신할 필요가 있다. 양원제가 도입되면 상원의 개념을 17개 시도를 대표하는 기관으로 설정할 수 있다. 예를 들면 시도별로 2~4인의 상원의원을 두게 되면, 지금 하원이라고 할 수 있는 국회에서 마구잡이로 입법을 양산하거나 탄핵을 남발하는 문제, 예산심의의 파행운영 등을 막을 수 있는 장치가 될 수 있다.

즉 상원을 지방정부의 대표자 등으로 구성하여 국회에 지역대표성을 보강하고, 하원에 대한 일정한 제어와 통제를 제도화할 수 있다.

"지금 국회 상황을 보면서 정말 국회가 과도한 권력행사로 인해 오늘의 사태를 일으키는 데 한 요인이 있다고 보고 있지 않습니까? 그러면 이 국회의 권한을 합리적으로 조정할 수 있는 쉽게 얘기하면 어른 같은 국회의 기능이 필요합니다. 그것이 상원 개념이거든요. 상원은 광역시도를 중심으로 대표성 있는 사람들이 선출돼서 운영하게 되면 하원의 지나친 정치적 분열을 어느 정도 제어하고 통제할 수 있는 장치가 됩니다. 미국의 상원은 50개 주에서 인구가 많든 적든 두 명씩 뽑지 않습니까? 우리나라도 17개 시도에서 예를 들어서 시도당 2인 내지 4인으로 한다. 이런 식으로 하면 이것은 국회가 지나친 인구 중심의 대표성뿐만이 아니라 지역 대표성, 국민 대표성도 갖게 된다는 뜻이 되겠습니다."

(2025.3.5. YTN 라디오, 뉴스파이팅 김영수입니다)

하원의원은 중대선거구제로 선출하여 소선거구제로 인한 문제들을 해결할 수 있다.

"하원은 지금과 같이 주민에 의한 선택을 통해서 뽑되, 다만 이것도 일방적인 유권자의 표심을 과도하게 결과로 반영되는 소선거구제가 아니라 중대선거구제를 통하면 절대적으로 지금과 같이 190석이 야당이 되고 또는 반대의 경우가 되기도 어렵습니다. 소선구제는 선거구당 1인을 뽑는 거고 중대선거구제는 법률로 정하겠지만 2인 이상 뽑는 제도 입니다. 이렇게 되면 절대로 한 당이 60% 이상을 넘는 일은 나오기가 어려운 게 사실입니다. 그렇게 돼야 하원은 안정적인 의석을 구성하게 되고요. 지금 22대의 경우는 5.4% 득표율 차이가 났지만 의석수는 70석 이상 차이가 납니다. 1당과 2당의 전체 득표율 차이는 5.4%에 불과하지만, 실제 국회 구성은 민주당이 3분의 2에 가까운 의석을 확보했습니다. 이로 인해 의회 권력의 과도한 행사가 발생하고 국정 불안정 요소로 작용하고 있습니다. 국회에서 3분의 2에 가까운 의석을 갖게 되면 거의 의회독재적인 발상에 의해 지금과 같이 탄핵이 난발되고요. 또 무분별한 법을 양산하고 심지어 예산을 자의적으로 심의 의결하고 이런 문제들이 생기지 않습니까? 그래서 의회의 가장 중요한 부분은 국민 의사를 반영한 균형 있는 국회의 기능을 회복하는 거거든요. 중대선거구제에서 5% 차이로 일방적인 국회가 구성될 수 없습니다. 어떤 경우에도 중대선거구제가 되면 아마도 50 몇 대 40 몇 구도가 되고요. 또 다당제에서 소수당도 진출할 수 있는 기회가 되기 때문에 국회가 안정적으로 된다는 겁니다."

(2025.3.5. YTN 라디오, 뉴스파이팅 김영수입니다)

현행 헌법에는 지방자치에 관한 규정이 두 개의 조항밖에 없는데, 지방자치를 해야 한다는 규정도 없다. 지방자치단체의 장과 의회의 구성과 선거에 관해서는 법률로 정한다는 내용만 있다. 따라서 개정 헌법에 분권형 국가를 명시하고, 지방자치단체장과 지방정부는 선거에 의해서 이루어지도록 강행 규정을 두어야 한다. 또 중앙정부의 권력을 지방과 분점하기 위한 각종 안정적인 장치를 두어 성숙한 지방자치가 될 수 있도록 해야 한다.

"지방자치는 민주주의를 성숙시키고 국가발전을 하는데 꼭 필요한 제도입니다. 그런데 현행 헌법에는 지방자치에 관한 규정이 2개밖에 없고 강제규정도 아닙니다. 개헌안에는 분권형 국가를 지향한다는 것을 헌법 전문에 담아 지방자치를 명확히 하여, 기타 자세한 내용은 법률로 위임한다고 하더라도 중앙권력을 합리적으로 지방으로 조정하는 것과 국회 등 국가권력기관의 과도한 권한을 합리적으로 배분하는 방안을 담았습니다. 또한 지방자치단체라는 명칭을 지방정부로 바꾸도록 했습니다."

(2025.3.2. 연합뉴스TV, 뉴스워치)


대선과 총선의 주기와 관련해서는 헌법 부칙으로 개헌 이후 대통령의 임기와 국회의원 선거를 일치시켜 중복선거로 인한 국력낭비와 정치불안 요소를 최소화할 필요가 있다.

"이번 개헌안에서 대통령 임기와 대통령 선출에 관한 규정은 탄핵이 인용되느냐 기각되느냐 하는 것과는 관계없이 담은 내용입니다. 탄핵이 인용되면 조기 대선으로 가고 탄핵이 기각되어도 윤 대통령이 임기에 연연하지 않고 그렇다고 하여 개헌의사를 밝혔지 않습니까? 탄핵이 기각되어도 새로운 헌법체제 하에서 다음 대통령이 선출되고 또 임기가 정해지도록 하는 것이 지금 모든 사람이 공감하는 겁니다. 개정된 헌법에 의한 대통령 선거는 헌법개정이 발의된 100일 이내로 하고, 이 헌법에 의해 선출된 최초의 대통령은 임기를 2028년 5월 말까지로 한다는 것은 22대 국회의원 임기와 맞추어 그 다음부터는 대선과 총선이 같이 치르는 동시선거가 되기 때문에 지금과 같이 주기가 다른 걸로 인한 국력의 낭비 문제라든가, 아주 과도한 여소야대의 문제를 해소할 수가 있지 않습니까? 대통령은 A당을 뽑고 국회의원은 압도적으로 B당을 뽑는 거는 현실적으로 불가능하거든요. 그래서 이와 같은 국정 혼란을 막을 수 있다 하는 것이 임기를 총선 주기와 맞춘다는 얘기입니다."

(2025.3.5. YTN 라디오, 뉴스파이팅 김영수입니다)

## 헌법 제84조 개정의 취지

헌법 제84조는 '대통령은 내란·외환 범죄를 제외하고는 재임 중 형사상 소추되지 않는다'고 규정하고 있지만, 이에 대해 학계에서는 재임 전에 소추된 재판은 지속된다는 견해와 재임 전에 소추된 재판이라도 내란·외환 범죄를 제외하고는 모두 정지된다는 견해가 맞서고 있다.

이 조항이 지금에 와서 이렇게 논란이 되는 것은 1987년 개헌 당시에 여러 건의 재판을 받는 후보자가 정당공천을 받아 출마하여 당선할 것으로는 상상하지 못했기 때문일 것이다. 당시의 판단이 비상식적인지, 아니면 오늘날 정치현실이 비상식적인지는 되물을 필요도 없다. 따라서 헌법 제84조의 대통령 불소추 특권은 재임중에 발생한 사건으로 명시할 필요가 있다.

"헌법 84조에는 이렇게 돼 있지 않습니까? 대통령은 내란 외환의 범죄를 제외하고는 대통령 재임 중 형사상 소추를 받지 아니한다 이렇게 돼 있거든요. 그러니까 대통령이 되고 나서는 형사 사건으로 기소되지 않고 재판받지 않는다. 이런 뜻인데요. 지금 논란이 되고 있는 겁니다. 재임 중에 형사상 소추를 받지 아니한다는 것이 재임 중에 발생한 사건에 한하느냐. 재임 이전에 발생돼서 재판이 진행 중인 부분까지도 정지되는 것이냐. 이 부분에 대해서는 아직 정해진 게 없습니다. 즉 법이라고 하는 것은 흠결을 치유해서 법적 안정성을 기하는 것이 당연한 거 아니겠습니까? 그래서 이번에 개헌안에는 대통령은 내란 외환의 범죄를 제외하고는 대통령 재임 중에 발생한 형사 사건에 한해서 소추를 받지 아니한다 이렇게 하면 명확하지 않습니까?"

(YTN 라디오 뉴스파이팅, 2025.3.5.)

# 선거관리위원회의 외부감사 필요성

채용비리로 국민의 불신을 초래한 선거관리위원회는 가족기업의 실상이 드러나면서 제도적 개선이 불가피하다.

국회가 입수한 선관위 직원의 가족관계 현황에 따르면, 선관위의 경력직 채용에서 5명 중 1명꼴로 친인척이 채용됐다고 한다(2025년 3월 7일, 조승환 의원(국민의힘) 공개자료). 전현직 선관위 직원 3236명 중에서 가족관계 파악에 동의한 339명을 조사한 결과에서 66명이 친인척인 것으로 나타났다는 것이다. 전체 직원의 10% 수준의 조사에 친인척 비중이 20% 가까이 차지했다는 것은 다른 공공기관은 물론이고 일반적인 민간기업이나 단체에서도 매우 보기 드문 일이다.

선거관리위원회가 가족회사라는 오명을 씻기 위해서는 헌법기관으로서 지위는 유지하되 감사원의 감사를 받을 수 있도록 헌법개정에 반영할 필요가 있다.

## 정치중대재해법 제정 필요성

헌법 제54조는 국회가 회계연도 개시 30일전까지 정부의 예산안을 의결토록 규정하고 있다. 공직선거법 제270조(선거범의 재판기간에 관한 강행규정)는 제1심 6월 이내에, 제2·3심은 각각 3월 이내에 반드시 선고하도록 하고 있다. 하지만 이들 모두 처벌조항이 없어 제대로 지켜지지 않고 있다.

"국회·법원이 남용하는 무법권력 탓에 대한민국이 정치후진국으로 전락했습니다. 민주주의의 기본은 법치주의이고, 헌법에 만인은 법 앞에 평등하다고 규정하고 있습니다. 그러나 이 법을 가장 안 지키는 곳이 바로 국회입니다. 국회는 헌법에 규정해 있는 예산안 의결 시기(12월2일)를 해마다 어기고, 사법부인 법원은 '6·3·3법'조차 지키지 않습니다."

(제이비(JB) 포럼 창립총회 특별강연, 2025.2.28.)

※ 제이비(JB) 포럼 : 2022년 각계 인사들이 우리 사회에서 정직운동이 가장 중요하다고 보고 유정복 시장을 총재로 추대하여 시작된 정직한 사회(Honest Club)에서 시작된 것으로 JB포럼으로 새롭게 출발하였고 JB는 Justice(정의)와 Blessing(축복)의 첫 글자를 붙인 것이다.

헌법기관인 국회가 헌법이 정한 예산 의결시기를 어기는 것과 법치주의를 수호해야 할 법원이 공직선거법에서 정한 재판시기를 어기는 것은 모두 위헌적, 위법적 관행이며 국민에게 피해를 주는 정치중대재해로 규정하고, 이를 엄중하게 처벌할 필요가 있다. 중대재해가 발생하면 사업주에게 책임을 물으면서 법을 지키지 않는 국회와 법원의 책임자에게 아무런 책임도 묻지 않는 것은 잘못된 특권이다. 그에 상응하는 책임을 질 수 있도록 정치중대재해처벌법을 제정해야 한다.

"우리나라 권력 기관은 스스로 법을 지키지 않는다. 헌법에 예산안은 회계연도 개시 30일 전에 심의·의결해야 한다고 돼 있지만, 제때에 예산이 통과되는 걸 본 일이 없다. 선거법 위반의 경우 6·3·3 원칙에 따라 재판하도록 규정돼 있으나 사법부는 지키지 않는다. 그러면서 국민에게 법을 강요하고 민주주의와 법치를 얘기할 수 있나? 산업현장에 적용하는 중대재해처벌법처럼 정치중대재해처벌법은 국민 삶에 피해를 주는 헌법기관의 책임자를 처벌하는 것이다. 현재 무소불위 권력을 휘두르고 있는 국회와 절차법·증거법을 지키지 않는 헌법재판소를 향한 국민의 불신을 없애기 위해서라도 반드시 제정해야 한다."

## 기재부 행안부 교육부 해체수준의 혁신 필요

"지방자치를 시행한 지 30년이지만 지자체는 현재 다섯 살 수준의 어린아이다. 특히 재정적 측면에서 지자체의 가용 재원은 5~10%에 불과하다. 90~95%는 중앙정부, 상급 단체와의 매칭 보조금이 차지한다. 기재부는 각종 보조금과 교부세를 통해 지방정부를 지배하고, 행안부는 인사권을 갖고 통제한다. 인천시만 해도 행정부시장, 기획조정실장을 정부가 임명한다. 중앙과 지방의 상하관계는 국가경쟁력을 떨어뜨릴 뿐이다."

(2025.2.17. 조선일보, 김윤덕의 만남)

우리나라가 세계에서 여섯 번째 강한 나라로 발표가 될 정도의 선진 대열에 올라선 것은 정부의 강력한 행정적인 뒷받침이 있었다. 예를 들면 기획재정부가 경제개발 5개년 계획을 통해 오늘의 성장을 이룩했고 내무부가 전국을 하나의 국력을 모으는 결집체로서의 역할을 해 왔고, 교육부가 우수한 인재를 양성하는 역할을 해 왔다. 그런데 이것은 바로 과거의 개발만능시대, 성장 위주의 시대에 있었던 시대의 행정체제이고 지금은 이런 정부기능이 지방정부를 통제하고 제어하고 관리하는 시대가 아니다. 이제는 이런 중요한 부처들이 미래전략기획부로 바뀌어야 한다. 예를 들면 교육부가 지금 시대가 바뀌었는데 수험생 1등부터 50만등까지 서열화하는 국가시험관리체제를 아직도 고수하고 있는데 이제는 벗어나야 한다. 이제는 대학 자율

선발 제도로 바꾸어야 한다.

　교육부를 거의 해체 수준으로 재정비해야 진정한 대한민국의 미래를 열어갈 수 있다고 생각한다.

# 대한민국시도지사협의회 헌법개정안

우리나라의 243개 지방정부가 곧 대한민국이란 점에서 지방분권형 개헌은 대한민국이 미래로 한걸음 더 나아가는 일대 전환점이 될 것이다.

2025년 3월 4일 대한민국시도지사협의회장으로서 지방자치관련 4대협의회 대표들과 함께 개헌에 대한 입장과 헌법개정안을 제시했다. 이 자리에는 전국 시·군·구단체장협의회장과 시·군·의회협의회 의장이 함께 했다.

대한민국시도지사협의회의 개헌안은 경제를 살리는 개헌경제, 효율적인 분권성장을 위한 것이다. 개헌의 목적은 대통령과 국회에 과도하게 집중된 권력의 폐해를 막고, 지방정부가 중심이 되어 경제를 다시 살리는 개헌경제이며 지역의 균형발전을 위한 분권성장을 이루어냄으로써 역동적인 국민 대통합으로 국민이 행복한 대한민국의 미래를 열어가는 데 있다.

　대한민국시도지사협의회 헌법개정안의 핵심적 사항들을 살펴보면 다음과 같고 일부 조항에 대해서는 의견 조율을 거쳐 국회에서 논의될 것으로 본다.

□ 지방분권 지향 선언

　○ (전문) ...자율·조화·분권·균형을 바탕으로...

　○ 제1조 ③ 대한민국은 지방분권을 지향한다.

□ 수도(首都) 규정 명문화

　○ 대한민국의 수도(首都)에 관한 사항은 법률로 정한다.

□ 지역대표형 상원 및 중대선거구제

　○ 국회는 상원과 하원으로 구성한다.

　○ 상원은 지방정부를 대표하는 의원으로 구성하되, 상원의원의

수, 선출방법 등 기타 선거에 관한 사항은 법률로 정한다.

○ 하원은 국민의 보통·평등·직접·비밀 선거에 의하여 선출된 의원으로 구성하며, 선거구별로 선출되는 의원의 수는 복수로 한다. 선거구별 선출의원의 수와 기타 선거에 관한 사항은 법률로 정한다.

□ 정부통령제 도입

○ 부통령은 대통령과 함께 선출되며, 임기는 4년으로 한다.

○ 대통령이 궐위된 때에는 부통령이 대통령직을 승계하고, 부통령이 궐위시에는 상원의장, 하원의장 순으로 대통령직을 승계한다.

○ 제2항에 따라 대통령직을 승계한 경우 그 임기는 전임자의 잔여임기로 한다.

○ 대통령의 임기는 4년으로 하며, 1차에 한하여 중임할 수 있다.

□ 중앙지방협력회의 설치와 운영 근거

○ 정부와 지방정부 간 협력을 추진하고 지방자치와 지역 간 균형발전에 관련되는 중요 정책을 심의하기 위하여 중앙지방협력회의를 둔다.

○ 중앙지방협력회의는 대통령, 부통령, 법률로 정하는 국무위원과 광역지방행정부의 장 및 기타 법률로 정하는 사람으로 구성한다.

○ 대통령은 중앙지방협력회의의 의장이 되고, 부통령과 대한민국시도지사협의회 회장이 공동부의장이 된다.

○ 중앙지방협력회의에 관한 구체적인 사항은 법률로 정한다.


☐ 주민 자치권 및 직접 참여의 권리

○ 지방정부의 자치권은 주민으로부터 나온다.

○ 주민은 지방정부를 조직하고 운영하는 데 참여할 권리를 가진다.

○ 주민투표, 주민발안, 주민소환 등 주민참여의 형식과 내용에 관한 기본적인 사항은 법률로 정하고, 구체적인 내용은 자치에 관한 규정으로 정한다.


☐ 보충성의 원칙

○ 국가와 지방정부 간, 지방정부 상호 간 사무의 배분은 주민에게 가까운 지방정부가 우선한다는 원칙에 따라 법률로 정한다.

☐ 지방정부의 종류, 구성 및 자치조직·인사권

○ 지방정부의 종류는 광역지방정부와 기초지방정부로 하고, 법률로 정하는 바에 따라 자치권의 범위를 달리하는 지방정부를 둘 수 있다.

○ 지방정부에 지방의회와 지방행정부를 둔다.

○ 지방의회의 권한·의원선거와 지방행정부의 장의 선임방법에 관한 사항은 법률로 정한다.

○ 지방정부의 조직과 인사 등에 관한 사항은 자치에 관한 규정으로 정한다.


☐ 지방정부의 입법권·계획권

○ 지방정부는 헌법 및 법령이 정하는 사무를 자기의 책임 하에 우선적으로 처리하고, 재정 및 재산을 관리하며, 조례·규칙 등 자치에 관한 규정을 제정할 수 있다.

○ 지방정부는 주택, 교육, 환경, 경찰, 소방, 지역계획 등에 관하여 주민복리 또는 지역특성을 고려하여 필요한 경우에는 자치에 관한 규정으로 법률과 달리 정할 수 있다.

○ 제2항에 따라 법률과 달리 정하는 자치에 관한 규정에 관해 다툼이 있는 경우, 정부는 헌법재판소에 제소할 수 있다.

□ 자주재정권 및 재정조정제도

○ 지방정부는 자주재정권을 가지며 재정에 관한 사항은 자치에 관한 규정으로 정한다.

○ 정부와 지방정부 간, 지방정부 상호 간에 법률로 정하는 바에 따라 사무를 위임할 수 있고, 위임사무를 집행하는 비용은 위임하는 정부 또는 지방정부가 부담한다.

○ 국가와 지방정부 간, 지방정부 상호 간에 법률로 정하는 바에 따라 적정한 재정조정을 시행한다.

□ 조세법률주의 및 지방세 신설권

○ 조세는 국세와 지방세로 한다.

○ 국세와 지방세의 종목과 세율은 법률로 정하되, 지방정부의 여건에 따라 해당 지방정부의 지방세 종목과 세율을 자치에 관한 규정으로 추가할 수 있다.

□ 제84조 대통령 형사상 불소추 특권 범위 명확화

○ 대통령 형사상 불소추 특권의 범위는 재임중 발생한 형사 사건에 한하여 소추할 수 없도록 명시한다.

□ 선거관리위원회 근거 조정

○ 현행 헌법 제7장에 규정하고 있는 선거관리는 제4장 정부 제2절 행정부 제5관 선거관리위원회로 조정한다.

□ 부칙

○ 이 헌법에 의한 최초의 대통령 선거는 이 헌법 시행일로부터 100일 이내에 실시한다.

○ 이 헌법에 의해 선출된 첫 번째 대통령의 임기는 2028년 5월 29일까지로 한다.

# 개헌안 공표 회견문

> 유정복 시장은 2025년 3월 4일 국회 소통관에서 대한민국 시장 군수 구청장 협의회 조재구 대표회장, 대한민국 시군 자치구 의회의장 협의회 김현기 회장 등과 함께 대한민국 시도지사 협의회가 마련한 헌법 개정안을 공표했다.

안녕하십니까? 대한민국시도지사협의회장을 맡고 있는 인천광역시장 유정복입니다.

저는 오늘 지방분권형 개헌(안)을 설명드리고자 합니다.

이 개헌(안)은 경제를 살리는 개헌경제이며 분권성장을 통한 정치 안정과 국민대통합을 이루어 국민이 행복한 대한민국의 미래를 열어가는데 그 목적을 두고있습니다.

이 개헌안은 대한민국시도지사협의회에서 작성하여 지방4대협의체에서도 동의한 명실공히 대한민국 지방정부가 뜻을 함께한 개헌(안)임을 말씀드리며 이 자리에 함께한 지방정부 대표자들을 소개하겠습니다.

대한민국시장군수구청장협의회 조재구 대표회장님입니다.

그리고 대한민국시군자치구의회의장협의회 김현기회장님입니다.

오늘 참석하지 못한 대한민국시도의회의장협의회 회장도 본 개헌안에 대해 뜻을 함께하고 있다는 점을 말씀드립니다.

지난해 12월 3일 이후, 대한민국은 혼돈과 갈등 그리고 분열에 빠져 있습니다.

저는 이 상황이 매우 안타깝고, 이 극단의 상황에서 하루 빨리 벗어나 정상적이고 희망이 넘치는 대한민국으로 돌아가야 한다고 생각합니다.

한 사람의 정치인 그리고 17개 시·도를 대표하고 있는 대한민국시도지사협의회 회장으로서 무거운 책임감을 느낍니다.

지금의 정치적 혼란과 사회·경제적 어려움의 주요 원인은 우리의 정치제도를 규정하고 있는 기본법인 헌법에도 문제가 있다고 생각합니다.

그래서 1987년 제정되어 40년 가까이 된 현행 헌법을 반드시 개정해야 하고, 지금이야말로 헌법을 개정하기에 가장 적절한 시점이라고 판단하고 있습니다.

존경하는 국민 여러분!

제가 이 자리에 설 수 있는 이유는 지금 헌법 개정에 대한 사회적 공감대가 충분히 모아졌기 때문입니다.

전·현직 국회의장, 대한민국 헌정회장을 비롯한 헌정회원, 전국의 시·도지사, 시장·군수·구청장, 광역과 기초 의원뿐만 아니라 학계와 전문가들은 물론 대다수의 국민들께서도 개헌의 필요성에 공감하며 지지하고 있습니다.

이제는 국회에서 공감하고 실천에 옮겨야 할 때입니다. 정치적 이해관계가 다름을 이유로 헌법 개정을 미루어서는 안 됩니다.

조속히 헌법을 개정하여 혼돈과 분열의 시간을 끝내고

새로운 시대를 열어야 합니다.

개헌은 국민이 행복한 대한민국의 미래를 위해서입니다.

개헌을 통해 우리 경제를 다시 회복시켜야 합니다.

대통령과 국회로 집중된 과도한 권한을 분산시켜

지방정부가 중심이 되어 각 지역이 균형 있게 성장하는 분권성장을 이루어내고자 함입니다.

각 지방정부가 지역경제를 살리고 국민의 행복을 증대시키는 과정 속에서 바로 역동적인 국민 대통합이 실현될 수 있습니다.

그래야만 우리 국민들께서 안심하고 생활할 수 있으며, 대한민국이 보다 더 나은 미래로 나아갈 수 있습니다.

존경하는 국민 여러분!

대한민국시도지사협의회가 제안하고 지방4대 협의체가 뜻을 함께하는 지방분권형 헌법 개정의 주요 내용은 다음과 같습니다.

첫째, 헌법 전문에 분권과 균형을 포함하고, 제1조에 '대한민국은 지방분권을 지향한다'는 규정을 넣어, '지방분권'을 헌법 정신으로 명문한 것입니다.

둘째, 수도(首都) 규정을 헌법에 명시하여 앞으로 수도이전을 위한 논의의 토대를 마련하였습니다.

셋째, 국회를 상원과 하원으로 구성하는 양원제를 도입한 것입니다. 상원은 17개 시·도의 지방정부를 대표하는 의원으로 구성하고, 하원은 현재와 같이 지역구를 기반으로 선거로 선출된 의원으로 구성하되, 중대선거구제를 도입하도록 하였습니다.

넷째, 대통령제를 유지하되, 4년 임기에 1차에 한하여 중임이 가능하도록 하였으며, 대통령 궐위 시에는 국민이 직접 선출한 부통령이 대통령직을 승계하도록 하였습니다.

다섯째, 현재 법률에 근거하고 있는 '중앙지방협력회의'를 헌법에 명문화하여 '중앙지방협력회의'가 헌법기관으로서 중앙과 지방이 대등한 관계에서 국가의 중요 정책을 논의하도록 하였습니다.

여섯째, 주민이 지방정부의 구성과 운영에 직접 참여하도록 하고, 주민의 투표권, 발안권 및 소환권 등을 담았습니다.

일곱째, 국가와 지방정부 간 사무처리에 관한 보충성의 원칙, 즉 사무의 배분은 주민에게 가까운 지방정부가 우선한다는 점을 명확히 하였습니다.

여덟째, 지방자치단체라는 용어를 '지방정부'로 바꾸고, 지방정부에는 광역지방정부와 기초지방정부가 있으며, 지방정부에 지방의회와 지방행정부를 두도록 하였습니다.

아홉째, 지방정부의 입법권과 계획권 강화입니다. 지방정부는 자치에 관한 규정을 제정할 수 있으며, 지역특성을 고려하여 획일적으로 규율하는 법률과는 다른 내용의 자치계획을 수립할 수 있도록 하였습니다.

열째, 지방정부는 자주재정권을 갖되, 재정력 격차를 시정하기 위하여 국가와 지방정부간 그리고 지방정부 상호 간에는 적정한 재정조정이 이루어지도록 했습니다.

열한 번째, 국세 및 지방세의 종목과 세율은 법률로 정하되, 지방정부의 여건에 따라 자치에 관한 규정으로 지방세의 종목과 세율을 추가할 수 있도록 하였습니다.

 열두 번째, 현재 논란이 되고 있는 헌법 제84조 대통령 형사상 불소추 특권의 범위에 관해서는 재임중 발생한 형사 사건에 한해 소추할 수 없다고 명확히 규정하여, 재임이전에 발생한 형사사건은 대통령 당선으로 재판 등이 중지되지 않는다는 것을 명시하였습니다.

 열세 번째, 현행 헌법 제7장에 규정하고 있는 선거관리는 제4장 정부 제2절 행정부 제5관 선거관리위원회로 조정함으로써 선관위를 헌법기관으로 하되 일반행정부와 마찬가지로 감사원의 피감기관이 되도록 하였습니다.

 열네 번째, 개정한 헌법에 의해 실시하는 최초의 대통령 선거는 이 헌법 시행일로부터 100일 이내에 실시하고, 이 헌법에 의해 처음으로 당선된 대통령의 임기는 2028년 5월말까지로 정하여 향후 대통령 선거와 국회의원 선거는 동시선거가 이루어지도록 부칙에 규정하였습니다.

 존경하는 국민 여러분!

 새로운 대한민국의 헌법은 지방분권을 지향하고, 중앙의 권한을 지방정부와 나누도록 해야 합니다.

 국회 입법과정에 지방정부의 의견이 제대로 반영될 수 있도록 국회를 상원과 하원으로 구성하고, 상원은 지방정부를 대표할 수 있도록 해야 합니다.

그리고 대통령에게 부여된 지나친 권한도 나누어야 합니다. 국민의 직접선거로 선출하는 부통령제를 도입하여, 행정권한과 책임을 부여해야 합니다. 이와 같이 지방분권과 함께 정치제도를 개혁하는 것은 대한민국의 국가경쟁력을 높이는 일입니다.

지난 2월 포브스는 대한민국을 정치·경제·군사력 등 종합지표에서 세계에서 여섯 번째로 강한 국가로 발표하였습니다. 앞으로 지방분권과 정치제도 개혁이 이루어지면, G3 국가로 나아갈 수 있습니다.

존경하는 국민 여러분,

다시 한번 간곡하게 당부와 촉구의 말씀을 드립니다. 저는 지금이 헌법을 개정할 적기라고 말씀드렸습니다. 특히 300명의 국회의원들께서 헌법 개정에 적극 나서 주기를 당부드립니다.

대한민국시도지사협의회가 마련한 개헌안은 많은 시민사회단체들이 제시하는 헌법 개정 방향과도 대부분 일치하고 있으며, 17개 시도, 226개 시군구로 구성된 전국 243개 지방정부가 공감하고 있습니다. 개헌의 정당성과 합리성을 충분히 갖추고 있습니다.

이제, 국민을 비롯하여 정당과 시민사회단체 등 모든 주체들이 헌법 개정을 통해 국민이 행복한 위대한 대한민국의 미래를 열어 나가야 합니다. 감사합니다.

2025. 3. 4.
유정복 대한민국시도지사협의회장

## 찢는 정치인 잇는 유정복

대한민국은 세계를 놀라게 한 고도성장을 한 자랑스러운 나라이지만, 국민들은 행복하다고 생각하기 보다는 불행하다고 생각하고 있다. OECD 국가 중에서 행복지수가 매우 낮다.

여러가지 요인이 있겠지만 국토가 남북으로 분단되어 있는데다가 동서간 지역갈등이 심하고 계층간·세대간 갈등이 큰 것이 주요 요인이다.

여기에 더하여 보수와 진보, 좌와 우의 정치적·이념적 갈등은 매우 심각한 수준인데, 이러한 갈등에는 정치인의 책임이 매우 크다고 생각한다.

말은 국가와 국민만을 위한다고 하지만 자신의 정치적 이해에 따라 당리당략적인 정치를 하고 있어 국민들을 분열시키고 있는 것이다.

특히 힘있는 정치인, 책임있는 위치에 있는 정치인이 거짓과 위선, 그리고 현란한 말장난을 하면서 국민을 선전선동함으로써 국론을 분열시키고 국가발전을 저해하는 큰 요인이 되고 있다고 생각하는데, 나는 이들을 욕심이 가득찬 정치꾼이라고 하고 싶다.

정치꾼은 지역감정을 은근히 조장하기도 하고 가진 자와 못 가진 자를 갈라치고 세대를 갈라치며 정치적 이익계산에만 몰두하기도 한다.

나는 정치인은 '잇는 정치'를 해야 한다는 소신을 갖고 있다. 계층간, 지역간, 세대간 격차를 봉합하여 이어주고 과거의 번영을 바탕으로 오늘을 미래로 이어주고, 너와 나를 잇는 통합의 리더십을 가져야 한다고 생각한다.

유권자를 숫자로 계산하지 말고, 진정성을 갖고 약자를 먼저 생각해야 하고, 보수냐 진보냐가 아니라 진실과 정의의 영역에서 정치를 해야 한다고 생각한다.

특히 오늘이 아니라 내일을 생각해야 한다. 나는 인천시장으로 일하면서 '오직 인천, 오직 시민, 오직 미래'란 슬로건을 내걸고 일해 왔다.

대한민국 정치인은 '오직 대한민국, 오직 국민, 오직 미래'만을 생각하고 일해야 한다.

오늘을 내일의 번영으로 잇기 위해 청년들의 꿈을 키워주는 정치를 해야 한다. 다음 선거를 생각하지 말고 다음 세대를 생각하는 정치를 해야 하는 것이다.

'잇는 정치' 이것이 유정복이 지향하는 정치철학이다.

# 인천이 대한민국이다

- '천원주택' 접수 첫날부터 뜨거운 반응 / 66
- 2024.7. 천원주택 발표 / 71
- 인천형 저출생 정책모델의 전국적 확대 필요성 / 74
- 인천에서 아이 낳으면 1억 원 지원 / 79
- 인천이 해낸 일 전국으로 확대하자 / 85
- 대한민국 대개조의 모태가 될 인천형 행정체제 개편 / 92
- 민선 8기 2년 반의 성과 / 103
- 글로벌 탑10 시티를 향하여 / 105
- 다시 이룬 대한민국 제2의 도시 / 108
- 최고의 브랜드가치 인천 / 110

## '천원주택' 접수 첫날부터 뜨거운 반응

"신혼부부가 하루 1천원 임대료로 거주할 수 있다고 해서 붙여진 게 바로 '천원 주택' 정책입니다. 월세로는 3만원이죠. 결혼한 지 7년 이내의 신혼부부와 예비 신혼부부들에게 저렴한 주택을 제공하는 프로그램이지요. 연간 1000호 공급을 목표로 합니다. 인천시 소유 공공임대주택을 싸게 임대(매입 임대)하거나, 신혼부부가 시중의 주택을 고르면 그걸 인천시가 집 주인과 계약해서 다시 임대(전세 임대)하게 됩니다. 매입 임대는 1월부터 모집에 들어갈 예정이며, 전세 임대는 국토부 협의를 거쳐 이르면 올 4월부터 입주가 가능하리라 예상합니다." (월간중앙 특별인터뷰, 2025.1.20.)

2025년 3월 6일. 인천광역시청 본관 1층 중앙홀이 발 디딜 틈없이 많은 사람들로 북적였다. 대부분 20-30대 신혼부부이거나 예비부부들이었다. 저출생 문제 해결을 위한 주거 지원사업인 '아이(i)플러스 집드림'의 '천원주택'을 희망하는 예비입주자들의 접수가 시작된 날이다.

대기자들을 위해 200여개의 의자를 비치했지만 순식간에 동이 났다. 접수 첫날 700여명이 신청을 접수하고 순위를 받았다. 인천시 홈페이지에 마련된 '천원주택' 공모 안내 사이트에는 첫날에만 15만명

이 접속한 것으로 집계됐다.

예비 입주자 모집은 3월 14일까지 8일간 진행되는데 2~3천명이 접수할 것으로 예상됐다. 이번에 준비된 천원주택은 '매입임대주택 500호'를 대상으로 한다. 하루 천원, 한 달에 3만원으로 살 수 있는 '천원주택'의 인기를 실감할 수 있었다. 2024년 7월 기준 민간주택

월세 평균이 76만원인 상황에서 시세 대비 4% 수준에서 주거문제를 해결할 수 있다는 소식에 젊은 (예비)부부들의 관심이 쏠린 것이다.

공모 첫날에 주요 언론에 실린 제목들이다.

'하루 임대료 1000원' 인천 천원주택 접수 첫날 북새통(한국일보)

"집이 하루에 천원"...파격 조건에 수백명 몰렸다.(이데일리)

"와 삼각김밥보다 싸네"...하루 '1000원'이면 살수 있는 집에 신혼부부 '우르르'(서울경제)

인천 '천원주택' 후끈...첫날 604가구 신청, 올해 공급량보다 많아(연합뉴스)

한 달 임대료 단 돈 3만원?...천원주택 가보니 '와' 감탄사(노컷뉴스)

"하루 1000원이면, 이 집에 산다"... 반응 폭발한 이 도시(머니투데이)

월 3만원 '천원주택' 인기 뜨겁다..인천형 주거정책 경쟁 치열(세계일보)

자기야, 우리도 해볼까...'하루 천원' 파격에 수백명 우르르(한국경제)

유정복, 천원주택 접수 현장 찾아 시민들과 소통하며 직접 신청서 접수(아주경제)

'천원주택' 신청 접수가 있기 전날에 나는 예비 신혼부부 5쌍과 함께 미추홀구 도화동에 있는 실제 주택을 방문했다. 지하철역 등 대중교통 상황은 어떤지, 집은 튼튼하게 지어졌는지 꼼꼼하게 살펴봤다. 현장에서 만난 신혼부부들은 대만족이었다.

"시장님, 고맙습니다."

이럴 때 무슨 말이 더 필요한가. 가슴이 뭉클했다.

다음날에는 현장접수가 시작된 시청 1층으로 내려가 밀려오는 신청자들의 접수를 도왔다. 신청자들은 한결같이 '천원주택' 입주자로 꼭 선정되고 싶다는 소망을 전했다. 경쟁이 치열해서 기도하는 마음이라고 했다. 마음 같아선 신청자 모두에게 '천원주택'을 공급해 드리고 싶지만 그러지 못하는 게 아쉬울 뿐이다. 신혼부부와 예비부부들에게 좋은 소식을 전해드리겠다고 다짐했다.

올해 매입임대 500호, 전세임대 500호 합계 1000호를 공급할 예정인데 수요에 비해 공급이 부족하다. 잠재적 수요에 비해 공급이 부족하다는 점과 역세권 등 가능한 신청자가 원하는 지역에 물량을 확보해야 하는 과제가 남아있다.

'천원주택'을 구상할 당시에 인천의 신혼가구 추이와 주거형태를 면밀히 분석해 사업 첫해에는 1000호 정도면 어느 정도 수요충족을 할 것으로 예상했는데 당초 예상보다 많은 신청자들이 몰렸다. 정책의 대성공이니 기뻐해야 하지만 수요예측을 너무 보수적으로 했다는 생각이 들었다. 최근에 결혼을 앞둔 청년층이 인천으로 많이 이주했기 때문이었다. "인천으로 이사 가자"가 빚은 현상이었다.

그렇지만 지금 대한민국에 저출생보다 더 심각한 문제가 있는가? 인천시의 재원과 역량을 쏟아부어 청년들의 주택문제만큼은 꼭 해결해주고 싶다.

# 2024년 7월 '천원주택' 발표

각종 여론조사를 보면 2030 청년 세대가 결혼과 출산을 꺼리는 가장 큰 이유는 무엇보다 주거비 부담이다. 왜 국가는 청년세대에게 결혼해서 아이를 낳으라고 얘기하면서 정작 가장 중요한 주거 문제에 실질적인 도움을 주지 못하는가? 중앙정부가 못하는 일이라면 인천시에서 한번 해법을 찾아보자고 직원들에게 얘기했다. 주택정책과와 인천도시공사를 중심으로 청년세대에게 주거비 부담을 획기적으로 절감할 수 있는 방안을 찾도록 했다.

몇 달 동안 실무자들이 수십 차례 논의하여 i플러스 집드림 하루 천원, 즉 한 달에 3만원으로 거주할 수 있는 '천원주택' 정책을 수립했다. 일차적으로 매입임대 500호와 전세임대 500호를 합쳐 총 1000호를 공급하기로 했다. 매입임대는 시에서 보유하거나 매입한 임대주택(60㎡~85㎡)을, 전세임대는 최대 보증금 2.4억원 이하 주택으로 지원대상자가 원하는 지역의 아파트 등(85㎡)을 구하면 시에서 임차계약 후 지원자들에게 천원주택으로 공급하는 것이다. 2.4억원을 초과하는 금액은 자부담으로 하도록 했다. 매입임대보다 전세임대 수요가 훨씬 더 많을 것으로 예상되었다.

'천원주택'의 신청대상은 무주택구성원으로서 결혼 7년 이내의 신혼부부 또는 예비신혼부부, 한부모 가정, 혼인가구가 대상이다. 신생아를 둔 가구가 1순위, 자녀가 있는 신혼부부가 2순위, 자녀가 없는 신혼부부가 3순위 순번을 받았다. 동일 순위 내 경쟁이 발생할 경우 가점 항목을 통해 최종 입주 순위가 결정된다.

2024년 7월 '천원주택' 공급계획이 발표되자 주택정책과는 며칠 동안 전국에서 쇄도하는 문의전화로 업무가 마비될 지경이었다. 정책 수요자인 신혼부부들 뿐만 아니라 전국 자치단체에서도 '천원주택' 정책 설계 모델에 대한 문의가 많았다. 흔히 인천시는 예산이 많아서 이렇게 파격적인 주거정책을 추진할 수 있는 것 아니냐는 질문을 하는데, 실은 예산문제가 아니라 '정책의지'와 '일머리'가 더 중요하다.

인천시가 연간 1,000호의 천원주택을 공급하는데 따른 예산은 36억원으로 15조 인천시 예산의 0.02%정도 밖에 되지 않는다.

인천에서는 천원주택뿐만 아니라 신생아 가족을 위한 내집마련도 도와주기로 했다. 천원주택에서는 최장 6년간 거주할 수 있다. 하지만 자기집을 소유하고자 하는 욕구도 있을 수 있다. 대부분 주택담보 대출을 통해 내집 마련을 한다. 시중은행의 주택담보대출 이자는 4~5%, 정부 신생아특례대출은 1.6~3.3% 수준이다. 출생가구가 내집마련을 할 경우에 실이자를 1% 수준으로 경감할 수 있도록 했다. 그래서 사업명도 '신생아를 위한 1.0 대출사업'으로 정했다.

이 사업의 지원대상은 2025년 이후 출산한 가구로 최대 대출금 3억원 이내에서 1자녀 출산의 경우 0.8%, 2자녀 이상 출산하는 경우 1%의 이자를 지원한다. 연간 최대 300만원을 지원 받을 수 있고 최대 5년간 지원된다. 소득기준은 신생아특례디딤돌대출과 같고 2025년부터는 부부합산 연소득을 2억5천만원 이내로 확대했다.

# 인천형 저출생 정책모델의 전국적 확대 필요성

2025년 3월 초에 경제협력개발기구(OECD)에서 한국의 저출산 실태와 대응방안을 담은 '한국의 태어나지 않은 미래 : 저출산 추세의 이해'라는 책이 발간됐다. 그동안 한국의 저출산에 관한 OECD 보고서는 많았지만, 이렇게 책자로까지 나온 것은 처음이라고 한다. OECD의 책자 발간을 언론은 크게 다루었다.

"이러다 한국 진짜 망한다" OECD 섬뜩한 경고…왜?(세계일보)

"애 안 낳으면 나라가 반토막" … OECD, 한국 저출산에 섬뜩한 경고 (뉴데일리경제)

"한국 인구, 60년간 절반으로 줄어든다" 섬뜩한 인구보고서(서울신문)

OECD "한국, 저출산으로 60년간 인구 절반 감소"(YTN)

한국은 2023년 기준 합계 출산율(여성 1명이 평생 낳을 것으로 예상되는 자녀수)이 0.72명으로 세계에서 가장 낮은 수준이다. OECD는 현재 수준의 출산율이 유지될 경우 향후 60년 동안 한국의 인구가 절반으로 감소하고, 2082년에는 전체 인구의 약 58%가 65세 이상 노인이 될 것으로 예측했다. 노인 부양 비율(20~64세 인구 대비

65세 이상 인구 비율)은 현재 28%에서 155%로 급증할 것으로 전망했다.

OECD는 한국의 저출생의 원인으로 사교육비와 주거비 부담을 지목했다. 한국이 사교육 이용을 줄이기 위해 공교육의 질을 개선하고 사교육 기관을 규제하는 등 다양한 노력을 기울였으나, 노동시장의 이중구조와 대학 서열화 등 근원적 문제를 해결하지 못했고, 주택비용은 2013년과 2019년 사이 2배 상승했다고 꼬집었다. 이밖에 큰 성별 임금 격차와 장시간 노동, 경력 단절 등도 저출산 원인으로 꼽았다.

OECD는 한국의 출산율 하락을 막기 위해 보육서비스 제공시간과 출퇴근시간의 일치, 직장보육시설의 확대, 육아휴직제도의 개선, 여성고용의 확대 등이 필요하다고 조언했다. OECD는 한국이 합계출산율을 1.1명으로 끌어올리면 2070년까지 국내총생산(GDP)이 12% 높아질 것으로 예측했다.

이에 앞서 2023년 12월 2일 뉴욕타임스(NYT)의 '한국은 소멸하는가(Is South Korea Disappearing?)라는 칼럼에서도 한국의 국가 소멸 위기를 경고했다. "흑사병 창궐 이후 인구가 급감했던 14세기 유럽보다 더 빠르게 한국 인구가 감소할 수 있다."는 것이었다. 또한 한국이 낮은 출산율로 유능한 군대를 유지하지 못하면 현재 출산율이 1.8명인 북한이 침공할 가능성도 있다고 우려했다. 심각한 저출생이 국가안보를 위협하는 문제가 된 것이다.

나는 시장 재선 이후 저출생문제 해결을 위한 획기적인 정책모델을 고민해 왔다. 2년 전부터 시 공무원들과 인천연구원의 연구원들을 모아 관련자료를 모으고 논의했다. 처음엔 대부분 내가 무슨 얘기를 하는지, 어떤 정책을 만들자는 것인지 의아해했다. 한 번 두 번 회의가 열려도 진전이 없자 공무원들은 회의 전과정을 녹음해뒀다 다시 들으면서 하나씩 실마리를 찾아갔다고 한다. 녹음을 풀어 정리한 메모를 보니까 이런 대목이 눈에 들어왔다.

인천만의 임팩트 있는 정책개발-> 국가정책화-> 저출산 문제 해결, 지속적 운영을 위한 재원마련 방안-> 시민이 체감하는 정책-> 공익적 개념으로 인천시가 모든 걸 책임진다는 확신 필요

또한 인천형 저출생정책을 만들기 위해 군구와 중앙정부를 찾아

종종걸음을 하고 때로는 관계자들에게 호통을 들어가며 여러 날을 불면의 밤으로 보냈을 시 공무원들에게 감사하는 마음이다.

2024년 7월 '천원주택' 정책을 발표하자 일각에서는 재원조달 계획에 대해 의문을 제기했다. 2025년 '천원주택' 사업비는 36억원, 1.0 대출 신생아 내집마련 지원은 64억 5천만원으로 합계 100억원 수준이다. 2026년 187억원, 2027년 260억원이 소요될 것으로 추계됐다. 2025년도 인천광역시 예산이 15조원 가량인데, 신혼부부의 주거비 지원을 위해 사용하는 예산은 전체 예산의 0.15% 수준에 불과하다. 정책효과에 비하면 정말로 적은 부담이다. 요즘에는 20~30대 청년들이 이런 얘기를 한다고 한다.

"인천에서는 결혼할 때 집 걱정을 하지 않아도 된다는데, 하루 천원이면 주거문제를 해결할 수 있고 집을 살 때도 실이자 1%만 내면 된다고 하는데. 인천으로 이사 가자!"

천원주택 사업수립을 계기로 인천이 아닌 다른 곳에 사는 청년들의 주거문제도 신경이 쓰였다. 인천에서는 할 수 있는데 왜 다른 곳에서는 못할까, 인천의 성공모델을 전국으로 확산시킬 수 있는 방법은 없을까? 즉각 중앙정부에 다음과 같이 네 가지 방안을 요청했다.

첫째, 인천의 저출생정책을 국가정책에 반영하는 방안

둘째, 지방재정 지원을 위한 예산제도를 신설하는 방안

셋째, 소유개념이 아닌 거주개념의 주거정책을 추진하는 방안

넷째, 국비지원을 확대하고 입주기준을 완화하는 방안

정부 차원의 출생정책을 힘있게 추진하기 위해 특별기금을 만들고 40~50년 장기 모기지론을 도입해 무이자로 하고 원금만(월 상환액 100만원 이하) 상환하는 방안을 추진할 필요가 있다. 무엇보다도 공공임대주택 공급을 확대하고 임대주택의 입주기준을 완화해야 한다. 인천의 'i플러스 집드림 정책'을 보면 저출생 극복을 위한 대한민국의 주거정책의 방향이 보인다.

# 인천에서 아이 낳으면 1억원 지원
## -아이플러스 1억드림-

"지난해 인천에서 태어난 신생아가 전년 대비 11.2% 증가해 전국 최고를 기록했다. '아이를 낳으면 1억 주고, 집도 주고, 차비도 준다'가 '아이 플러스 드림' 정책의 핵심이다. 부영그룹이 1억 준다고 화제였는데, 인천이 원조다. 정부 지원금 7200만원에 '아이 꿈 수당'등 촘촘한 설계로 2800만원을 얹어 18세까지 1억원을 지원하는 정책이다."

"천원주택은 하루 1000원, 한 달 3만원, 1년 36만원에 집을 빌려주는 정책이다. 올해 1000가구를 공급하는데 신혼부부들 반응이 엄청나다. 저출생 3종 정책에 드는 예산이 700억원이다. 인천시 전체 예산(15조원)의 0.5%가 안 된다. 가성비 최고 아닌가."

(조선일보, 2.17, 김윤덕이 만난 사람)

2023년 12월 18일 인천광역시청 기자실에 섰다. 인천에서 태어나는 모든 아이들에게 1억원을 지원한다는 'i+1억드림'을 발표했다. 인천에서 아이를 낳으면 1억원을 지원한다는 내용에 기자들이 웅성거리기 시작했다.

우리나라 가족지원 예산 중 아동수당, 육아휴직급여 등의 현금지급 기준은 GDP 대비 0.32%로 OECD 평균(1.12%)의 30% 수준(2019년 기준)에 불과했다. 그만큼 우리 사회는 아직까지 출산과 보육 문제에 있어서 사회 공동책임보다는 개인의 부담이 큰 편이다. 현재 국가는 출산가정에 부모급여, 아동수당, 보육료, 초중고 교육비 등의 지원으로 7,200만원의 현금성 지원을 하지만 0세에서 7세까지로 제한돼 있고 8세에서 18세까지는 지원이 거의 없다. 이런 공백을 고려하

여 8세에서 18세까지 끊김 없는 지원을 보장하여 총 1억 원을 지원하는 정책모델을 만든 것이다.

8세에서 18세까지 아이 꿈 수당으로 1,980만원을 지원하고, 1세에서 7세까지 천사지원금으로 840만원을 지원한다. 2024년생이 8세가 되는 해부터 월 15만원씩 지원하되 24년도에 8세가 되는 2016년생 아이를 시작으로 단계적으로(월 5만원-> 10만원->15만원) 증액하여 지원하는 것이다. 또한 임산부 교통비로 50만원을 지원하는데, 주유비와 주차비 및 택시요금 등을 포함한다.

아이(i) 플러스 1억드림에 대해 언론은 관심을 갖고 보도하기 시작했고, 정책이 알려지면서 신혼부부 등 수요자들이 뜨겁게 반응했다.

인천시, '아이(i)플러스 1억드림' 정책 발표…출산 육아 지원 확대(조선일보)

유정복 인천시장, '아이(i) 플러스 1억드림' 정책 발표…출산 장려 지원 강화 (연합뉴스)

유정복 인천시장, '아이(i) 플러스 1억드림'으로 출산율 제고 나선다(뉴시스)

유정복 인천시장, '아이(i)플러스 1억드림'으로 출산 장려 정책 강화(중앙일보)

하지만 인천시와 함께 보조를 맞춰야 하는 군·구는 재원이 부담된다며 반발이 적지 않았다. 행정부시장과 정무부시장, 그리고 여성가족국장 등을 군·구로 보내 군수와 구청장들에게 정책의 취지와 효과를 설명하도록 했다. 단 번에 설득되지는 않았다. 두 번 만나고 세 번 만나고 끊임없이 소통했다. 문제는 재원부담이었다. 국가소멸위기보다 더 심각한 문제가 어디에 있나요? 정부가 해결하지 못하는 문제를 인천에서 해결한다면 이 보다 더 보람있는 일이 어디 있을까요? 우리가 정치를 하는 보람이지 않겠습니까? 결국에 군·구는 설득이 되었다.

어느덧 인천형 저출생정책 제1호가 2023년에 발표된지 1년이 지나면서 정책효과는 금세 나타났다. 인천의 인구가 늘고 있고, 출생아 수가 다른 시도에 비해 압도적인 증가율을 보이고 있다. 지금은 인천시 관내 어느 군·구도 재원이 부담된다는 식으로 말하지 않는다. 오히려 저출생정책의 든든한 버팀목이 됐다. 수요자에게는 체감도를 높이고 행정파트너에게는 정책성공에 대한 강한 확신을 줘야 한다.

재정이 열악한 군구를 설득하고 나니 이번엔 중앙정부가 문제였다. 중앙정부는 아이(i)플러스 1억드림 정책이 현금성 정책인 만큼 사회보장제도협의회 승인을 거쳐야 한다고 했다. 관련 자료를 준비하고 정책을 설계하게 된 전 과정을 사보협에 이야기 하고 심의를 받았다. 역시나 승인이 나기까지 우여곡절이 많았다. 시청의 여성가족국을 중심으로 실무 공무원들이 문턱이 닳도록 보건복지부를 오가며 담당자들을 설득했다.

우리 정부는 2006년부터 무려 380조원을 저출생 대책에 쏟아부었지만 결과는 합계출산율 0.72명. 전세계 236개 국가 중 압도적 꼴찌. 국가소멸위기에 처해있는 상황에 처해있는데 우리 중앙부처 공무원들이 관성과 타성에 젖어있는 것은 아닌지 답답했다. 아무도 앞장서

문제를 풀어보려 하지 않고 아무도 책임지지 않으려는 것은 아닌가?

이래선 안되겠다 싶어 직접 대통령께도 이야기 했다. 지금과 같은 추세를 바꾸지 않는다면 국가소멸위기가 먼 미래의 문제가 아닌 현실이 될 수 있다는 심각성을 얘기했다. 또한 인천의 저출생 정책모델은 단순한 현금지원이 아니라는 것을 설명했다. 신혼부부가 결혼하고 아이를 낳고 기르는데 정부와 지자체가 큰 도움을 준다는 사실을 인식하도록 하는 것이 중요하다고 건의했다.

인천의 저출생정책이 발표된 이후 민간기업에서 화답했다. 부영주택건설은 회사 직원들이 아이를 낳을 경우 1억원의 현금을 지원하겠다고 발표했다. 삼성전자와 LG 등 주요그룹사들도 발벗고 나섰다. 하지만 출생지원금에 적지 않은 세금이 부과되는 문제가 있었다. 기재부가 간만에 적극 화답했다. 직원들을 위한 민간 기업의 출생지원금에 대해 면세처리하겠다고 화답했다. 인천시가 시작하고 민간기업이 호응하고 정부가 화답하니 인천형 저출생 정책에 무게가 실리기 시작했다.

## 인천이 해낸 일 전국으로 확대하자

"최근 정국 상황 때문에 많은 국민들이 우울해하고 힘들어 하신다. 즐거운 일보다는 미간이 찌푸려지는 일이 많은 것 같다. 2월 26일 모처럼 기쁜 통계가 전해졌다. 2024년 한해 전국의 출생아 수가 23만8,343명, 전년대비 8,315명, 3.6% 증가했다는 것이다.

1957년 내가 태어난 해의 출생아 수는 963,952명, 그 때에 비하면 출생아수는 4분의1 수준이다. 얼마나 저출생 문제가 심각한 지 느낄 수 있다. 코로나19 여파로 미뤄졌던 결혼 예식이 증가한 덕분인지 전국적으로 출생률이 미약하나마 우상향으로 자리를 잡았다고 언론에선 분석했다. 하지만 갈 길이 멀다.

시도별 증가율을 보면 인천은 무려 11.6%, 전국 평균 3.6%의 3배 이상이었다. 인천의 출생아 증가율은 압도적이다. 다른 시도 상황을 보면 대구 7.5%, 서울 5.3%, 경기도 3.6% 부산 1.5% 등으로 나타났다. 강원도와 제주, 광주는 마이너스로 나타났다. 이들 지역에서는 국가소멸위기에 앞서 훨씬 빠르게 지방소멸이 이뤄지고 있다고 걱정하고 있다.

2023년 인천시의 합계출산율은 0.69명으로 전국 평균(0.72명)보다 낮았으나, 2024년에는 0.76명으로 9.8% 상승하며 전국 평균(0.75명)을 넘어섰으며, 조출생률 또한 4.6명에서 5.1명으로 증가하며 전국 평균(4.7명)을 상회하는 성과를 보였다."

(유정복 인천광역시장 페이스북)

언론도 다른 시도 대비 인천의 압도적인 출생아 수 증가율을 주요 기사로 다뤘다.

2023년 12월 25일 미추홀 산타클로스 축제, 결혼과 출산이 희망이 되는 사회가 되기를!

인천시, 출생아 수 증가율 전국 1위…인천형 저출생 정책 실효성 입증(더팩트)

'저출산 극복 선두' 인천, 출생아 수 증가율 전국 1위(국민일보)

인천 출생아 증가율 전국 1위…인천형 출생정책 실효성 입증(경기신문)

인천시 2024년 출생아 수 11.6%...증가율 전국 1위(브릿지경제)

인천에서는 주민등록 인구도 늘고 있다. 2025년 2월 기준 전국에서 인구가 25,404명이 줄었지만 인천에서는 6,844명이 늘었다. 17개 광역시도 가운데 인천시와 서울시, 대전시, 경기도 등 4곳만 인구가 늘었다. 통계청 국내이동통계에 따르면, 2021년 5월 이후 인천시는 순이동률이 한 번도 마이너스를 기록하지 않았으며, 2024년에도 전국 1위를 유지했다.

이제 인천을 넘어 전국적 차원에서 저출생 문제 해결의 실마리를 찾아야 한다. 중앙 정부가 못하는 일을 인천에서 먼저 해결하고 그 경험을 국가적으로 공유하자는 게 원래 내 뜻이었다. 그래서 정부를 향한 구체적인 정책제안을 만들었다. 먼저 출생정책의 혁신적 추진을 위한 강력한 조직정비를 요청했다. 대통령실에 (가칭)인구정책 수석을 두고 총괄전담 부서로 (가칭)인구정책처를 신설할 것을 건의했다.

또한 산발적 보조금 제도를 전면 개편해야 하는 시급성을 전달하고 출생교부금 제도 및 저출생극복을 위한 특별기금 신설도 제안했다. 이와 함께 결혼과 출산이 희망이 되는 사회분위기 조성을 위한 전 국가적 노력이 필요하고, 아울러 이민정책의 과감한 전환과 재외동포의 역이민 정책에 대한 국가차원의 종합대책 마련도 시급하다고 건의했다.

대통령은 이런 제안과 건의를 모두 수용한다고 발표했다. 먼저 대통령실에 인구수석을 두고, 인구전략 대응부처를 신설하겠다고 밝혔다. 하지만 극심한 여야 정쟁으로 인구전략 대응부 신설 법안은 지금도 국회에서 잠을 자고 있다. 하지만 인천의 저출생대책은 계속 이어지고 있다.

### 인천형 저출생정책 제3호 : 아이(i)플러스 차비드림

인천형 저출생 극복을 위한 제3호 정책은 출산하는 부모에게 교통비를 지원하는 정책이다. 이미 임산부 교통비 50만 원을 지원하고 있지만, 이에 더해 출산하는 부모에게 7년간 최대 70%까지 교통비를 환급해 준다. 인천시민이 출산하면 아이 출생일로부터 7년간 부모에게 각각 '인천 아이패스' 환급(20~30%)을 포함해 첫째 아이 출생 시 50%, 둘째 아이 출생부터 70%를 환급해 준다. 시스템이 구축되면 2025년 5월부터 시행된다.

### 인천형 저출생정책 제4호 : 아이(i)플러스 이어드림

앞으로 청년들의 만남에서 결혼까지 지원하는 인천형 출산정책 4호로 '아이(i)플러스 이어드림'이 추진된다. 인천에 거주하거나 인천에 직장을 둔 24~39세 미혼 청년을 대상으로 1회당 100명씩 연간 5차례 정도 만남행사를 지원하고, 연애 지도(코칭)와 일대일 대화 프로그램을 운영할 계획이다.

 또한 시와 산하기관의 공공시설을 무료로 결혼식장으로 대여하고, 공공시설에서 결혼할 경우 100만원 이내에서 결혼 비용을 지원하는 '아이(i)플러스 맺어드림' 방안도 추진할 생각이다. 코로나19 이후 미뤄뒀던 예식을 치르기 때문에 결혼식이 늘었지만 상당수 웨딩홀이 폐업하거나 전업한 탓에 요즘 시중에서는 결혼식장 구하기가 어렵다고 한다. 최소 6개월에서 1년까지 대기하는 경우도 있고, 예식장 비용도 부담스럽다.

 시청을 비롯한 공공기관의 시설을 결혼식장으로 무료 제공하면 예비부부들과 신혼부부들에게 도움이 될 것이다. 2025년 상반기에 아이플러스 이어드림 민간위탁 보조사업자를 모집하여, 이르면 6~7월

두루미 어린이집 크리스마스 기념행사

에 '아이(i)플러스 이어드림', '아이(i)플러스 맺어드림'의 첫 행사를 진행할 계획이다.

## 인천형 저출생정책은 앞으로도 계속된다

인천형 저출생정책 제4호까지 나왔는데 매번 관련 정책이 나올 때마다 기자들은 다음 번 정책은 무엇인지 물어본다. 사실 나의 머릿속에는 제5호, 제6호로 삼을 만한 정책이 무궁무진하다.

우선 결혼을 하고 집을 구하고 아이를 낳았으니 이제 해야 할 일은 잘 키우는 일이다. 아이를 키우고 보살피는 일 만큼 중요하고 힘든 일이 없다. 이른바 '경단녀'라고 일컬어지는, 육아 때문에 경력이 단절되는 여성이 많다. 앞서 언급한 OECD의 한국 저출생 위기 상황에 대한 보고서에서도 육아 문제에 대한 보다 강력한 사회적 지원이 있어야 한다고 지적했다. 그래서 인천에서 발표될 제5호 저출생 정책의 이름은 '아이(i)플러스 길러드림'이 될 것이다. 보육과 육아 문제에 대한 각 가정의 부담을 줄여드리고 아이들이 건강하게 성장할 수 있도록 최대한 지원 체계를 갖출 것이다. 제6호, 제7호 인천형 저출생정책은 계속 진행형이다. 실효성있고 정책소비자들이 체감할 수 있는 저출생정책은 앞으로 인천을 넘어 대한민국 전체로 확산될 수 있도록 준비할 것이다. 대한민국은 해방이후 동족상잔의 전쟁을 치르고 아무것도 없는 폐허 속에서 불과 반세기만에 경제력과 군사력, 문화 영향력 등을 감안할 때 종합 국력순위 6위 국가로 올라섰다. 전세계가 한국의 성공비결을 부러워하고 따라 배우려하고 있다. 우리는 위대한 민족이고 위대한 국가에 살고 있다. 고도성장의 부작용으로 저출생이라는 심각한 위기 상황에 빠져 있지만 우리는 해법을 찾아낼 것이고 극복할 것이다. 감히 말하건데 저출생 극복을 위해서는 인천을 보면 해법이 보일 것이다. 인천광역시장으로서 중앙 정부가 해결하지 못하는 일, 인천이 먼저 해법을 찾아보고 해결 방안을 전국화하자는 심정으로 저출생 정책을 설계했다. 지금까지 발표된 저출생 정책 모두 시민들로부터 뜨거운 박수를 받았다. 언론의 평가도 긍정적이다. 인천이 대한민국이다!.

# 대한민국 대개조의 모태가 될 인천형 행정체제 개편

## 비정상의 정상화를 위하여

2022년 7월 1일 새로 인천광역시장 당선증을 받으며 민선 8기의 닻을 올렸다. 새 시정부의 목표를 '모든 비정상의 정상화'로 잡았다. '정상(正常)'이란 모든 것이 사리와 이치에 맞게 꾸려지고 유지되어 나가는 상태를 의미한다. 절대다수가 납득하고 기꺼이 따르는 사회적 질서와 체제를 의미하기도 한다. 중앙이건 지방이건 국민을 위해 존재하는 모든 정부의 행정과 정책은 반드시 그런 정상적인 상태가 유지되어야 한다. 그건 가장 기본적인 책임이자 의무다. 그런 걸 굳이 새로운 시정부의 캐치프레이즈로 삼은 이유는 따로 있었다.

내가 시장으로 취임했던 2014년 민선 6기 시정부는 최악의 상황에서 출발해야 했다. 13조 원이 넘는 부채와 잔뜩 벌여 놓기만 한 개발사업 등으로 인천은 시들어가고 있었다. 민선6기 시정부는 무엇을 새로 시작하기보다는 당면한 위기를 타개하는 데만도 힘에 부칠 정도였다. 하지만 나는 시정부 3천여 공직자들과 함께 허리띠를 졸라매고 물경 3조 7천억 원의 빚을 갚아 부채도시의 오명을 벗어나게 했다.

이에 그치지 않고 경제 활성화에 총력을 기울여 2018년에는 지역 내 총생산 증가율 등의 주요경제지표에서 부산을 능가하면서 우리 인천이 서울 다음의 대한민국 제2도시로 자리매김하게 했다. 인천발 KTX, 수도권 매립지 문제, 제3연륙교 등 그 어려운 와중에도 많은 성과를 이루어 냈다. 그러나 그 모든 공은 공수표로 사라졌다. 민선 7기 시정부가 들어서면서 우리 인천은 질주를 멈추고 동력을 잃었다. 공직자들도 일할 의욕을 잃은 듯했다. 눈에 보이는 모든 것이 비정상적이었다. 더 방치했다간 큰 탈이 날 지경이었다. 한시라도 빨리 비정상적인 모든 것을 정상으로 되돌려 놔야 했다.

## 행정체제개편은 시대적 소명

가장 먼저 손을 댄 것은 인천의 행정체제 개편이었다. 지금의 2군 8구 체제는 1995년 인천이 직할시 체제에서 광역시로 승격하면서 정해졌다. 벌써 30여 년 전의 산물이다. 그 사이 인구는 70만 명 가까이 늘었고, 민원은 10배 넘게 폭증했다. 도시규모가 지속적으로 커가면서 수요도 늘어가는데 행정서비스 공급이 이를 따라가지 못하는 실정이었다. 지역별 불균형 문제는 특히 심각했다. 인천 서구의 경우 23개 동에 60만 인구를 이미 넘어서고 있었다. 이웃하고 있는 동구는 11개동에 5만 8천여 인구에 불과했다. 동구 전체 인구가 검단구 아라동 1개 동 인구보다 적은 수준이었다.

접근성도 문제였다. 영종국제도시의 경우 기존의 인천대교와 영종대교로 육지와 연결되어 있지만 다리를 건너면 서구와 연수구로 이어진다. 2025년 개통예정인 제3연륙교도 서구 청라로 진입한다. 다리 셋으로 연결되어 있어도 같은 행정구역으로 묶여있는 중구와는 여전히 멀었다. 접근성이 떨어질 수밖에 없었다. 서구 검단도 마찬가지였다. 가정동, 석남동 등 기존의 서구와는 생활권이 완전히 달았다. 서구청보다는 오히려 김포시청이 가까웠다. 주민들의 불편으로 이어질 수밖에 없는 지리적 환경이었다. 특단의 대책이 필요했다.

## 모두 윈윈하는 행정체제 개편

행정체제개편의 핵심은 주민 편의와 '지역 균형' 그리고 경쟁력 강화에 있다. 앞서 지적한 대로 인천, 특히 원도심과 신도심과의 격차는 자못 심각한 상황이었다. 원도심을 중심으로 하는 대대적인 수술은 불가피했다. 오래도록 유지되어 온 행정체제를 바꾸기 위해서는 많은 변수와 여건들을 고려해야 한다. 지리·지형적 상황과 인구규모, 지역별 재정자립도, 경제·산업 여건, 문화 환경, 주민들의 정서와 생활특성 등등이 다각적으로 고려되어야 한다. 특히 지방의회제도를 도입, 시행하고 있는 상황에서 선거구 등 정치적 환경도 무시할 수 없다. 그냥 지도 놓고 무 자르듯 선만 그으면 될 일이 아니었다. 이해가 엇갈리는 주민들에게는 초미의 관심사가 될 수밖에 없었다. 자칫 잘못 손댔다간 그야말로 '본전도 못 찾을' 확률이 높았다. 신중에 신중을 기할 수밖에 없었다.

첫 번째 대상은 중구와 동구였다. 두 도시는 인천의 대표적 원도심이었으며 인천의 정서적 뿌리였다. 이 지역을 중심으로 인천이 성장했다. 두 도시 공히 전통적인 제조업과 물류 유통의 중심지였다. 하지만 세월의 흐름 속에 주민들은 외지로 떠났고, 학교도 신도시로 속속 옮겨 갔다. 사람이 사라지면서 도시는 차츰 쇠락해 갔다. 중구와 동구 주민들은 행정구역상 분리되어 있어도 내적으로는 일종의 동질감을 갖고 있었다. 원도심 주민으로서의 자긍심, 토박이의 자부심 같은 거였다. 이 둘을 합치는 방안을 검토했다.

중구는 지역 간 불균형이 심각했다. 전체 인구는 16만 명에 육박하지만 그 중 12만여 명이 영종국제도시에 산다. 앞서 지적한 대로 영종에 놓인 다리는 모두 다른 내륙으로 이어진다. 영종주민과 중구 원도심 주민들은 각각 나름대로의 불만이 쌓여 갔고, 동질감보다는 이질감이 높아져 가는 상황이었다. 그런 영종을 독립시키고 내륙의 중구와 동구를 합치는 방안을 검토했다. 기존의 2구 체제를 그대로 유지하면서도 각각의 지역적 동질감을 확보하는 합리적 방안이라는 결론이 났다.

서구는 이미 60만이 넘어섰고 머지않아 70만 인구까지 늘어날 전망이다. 면적은 인천 내륙지방 중 가장 넓다. 분구는 당연했다. 관건은 방법이었다. 청라, 루원, 검단 등의 신도시가 속속 생기고 있는 상황에서 단순히 지리적 여건만으로 경계를 자르는 건 무리가 있었다. 다른 신도심이 이미 포화상태에 이르고 있지만 검단산을 경계로 북쪽인 검단지역은 아직도 개발의 여지가 많았다. 인구가 더 늘어난다면 이 지역이 중심이 될 것이었다. 거주중심 도시로 키우다보니 문화, 교육 등의 기반시설이 부족한 상황이었다. 특단의 생활문화 인프라 확대 방안이 절실했다. 청라, 루원과 기존 원도심을 묶고 검단을 분리 독립시키는 방법이 가장 적절했다. 새로운 행정기구 하나가 늘긴 하지만 서구 전체의 규모를 고려하면 법적으로 아무 하자가 없었다.

## 방위중심형 행정구역명 개선

내륙 중구와 기존 동구를 합쳐 하나의 구로 만들고, 영종과 검단을 각각 독립구로 분리하는 방안이 확정되었다. 문제가 하나 남았다. 합쳐질 중구와 동구의 명칭을 무엇으로 할 것인가 였다. 사실 우리나라의 행정구역명은 일제 강점기에 정해진 것이 많다. 특히 방위 중심형, 그러니까 동서남북을 행정구역의 이름으로 쓰는 건 그 대표적 사례. 중구나 동구는 한가운데 있지도 않고 동쪽 방향도 아니다. 인천 전체를 놓고 보면 가장 서쪽이라고 해야 맞았다. 네이밍 자체가 잘못된 사례였다.

이 둘을 합쳐 무엇으로 불러야 마땅할까, 당연히 방위중심형 명칭은 전혀 고려하지 않았다. 주민정서상 어느 하나에 치우치는 듯하 명칭도 금물이었다. 그러던 차에 떠오른 가장 강력한 후보는 '제물포'였다. 미추홀구 도화동에 제물포역이 있지만 그 둘은 아무런 연관이 없다. 아다시피 제물포는 인천항구의 옛지명이다. 인천의, 중구와 동구의 역사성과 정체성을 오롯이 담고 있는 명칭이라 할 수 있었다.

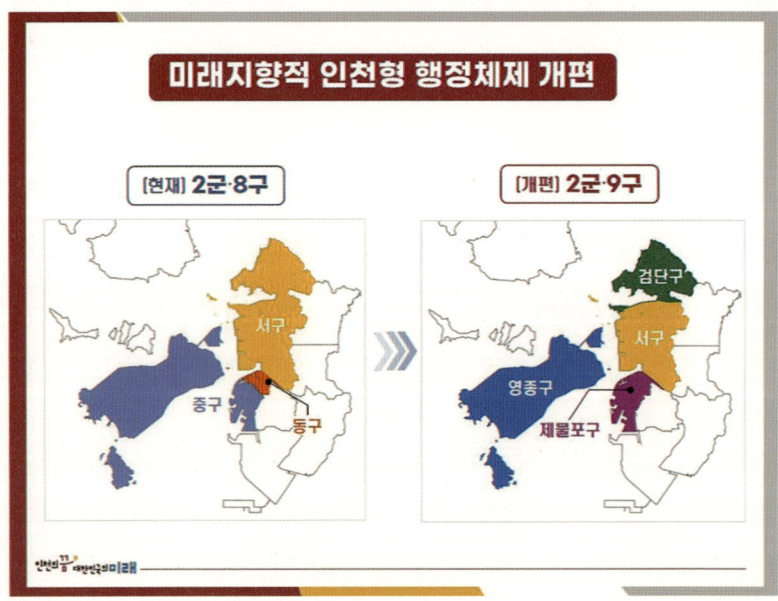

중구와 동구를 합친 새로운 구의 이름은 '제물포구'로 확정하고 양쪽 구청장을 비롯해 지역 주민들의 의사를 물었다. 절대다수가 이에 찬성했다. 신설 제물포구는 그렇게 탄생하게 됐다. 나머지 영종과 검단은 기존의 명칭 그대로를 구 이름으로 쓰기로 했다.

2022년 8월 31일 관련 구청장들과 함께 인천행정채재개편반안에 대한 기자회견을 열었다. 중구와 동구를 합쳐 제물포구를 신설하고 검단과 영종을 각각 독립구로 신설하는 2군 9구 체제가 골자였다. 반응은 기대 이상이었다. 비슷한 상황에 처한 전국의 지자체들도 큰 관심을 보였다. 인천의 이슈가 전국적인 뉴스로 부각한 것이다. 주민들의 반응도 매우 호의적이었다. 시민단체들은 앞다투어 환영논평을 냈다. 이같은 개편안을 바로 주민들에게 공람하게 히고, 각 지역의회 안건으로 상정하였다. 압도적인 지지를 얻어 1차 관문을 통과했다. 2023년 6월 행안부에 넘겼다. 부처 심사와 국무회의 의결을 거쳐야 하기 때문이다. 둘 다 큰 이견 없이 인천시 안을 원안 그대로 수용해 줬다.

마지막 남은 건 국회 통과. 계획대로 2026년 7월부터 시행이 가능하려면 22대 국회의원 선거 전에 통과되어야 했다. 선거를 앞두고 여야간 대치와 정쟁이 심한 상황이라 상임위 통과는 물론 소위 상정조차 불투명한 상황이었다. 시 공직자들과 함께 해당 지역의 배준영(국민의힘), 김교흥(더불어민주당) 의원 등이 앞장서 뛰어주셨다. 조금씩 지연되기는 했어도 두 분 국회의원의 지원에 힘입어 상임위 소위 심사부터 본회의 상정의 관문은 무사히 통과했다. 남은 건 본회의. 2024년 1월 9일 국회는 본 회의를 열어 "인천광역시 제물포구·영종구·검단구 설치법을 전격 통과시켰다. 지역이기주의 논리를 내세우며 일부 반대하는 의원들이 있었지만 대의와 명분에 밀렸다. 찬성표를 던져준 국회의원들께 감사드린다. 배준형, 김교흥 의원을 비롯한 인천지역 국회의원 여러분께 다시 한번 시민을 대신해 감사 인사 드린다.

## 행정체제 개편은 정치쇼 제물이 아니다

2023년 11월 우리 국민의힘 대표는 느닷없이 김포를 서울에 편입시키겠다는 방침을 공론화했다. 여러 여건, 특히 지리적 여건과 접근성 등을 볼 때 김포가 경기도에 속하기보다는 서울에 들어가는 게 맞다는 논리였다. 과거 여권의 텃밭이었던 김포가 어느덧 야권의 아성으로 굳어져 가는 상황에서 지역표를 의식한, 다분히 정략적 발상이었다. 이 김포시 서울 편입안은 시의회와 도의회 등을 거치는 정상적인 절차로는 불가능하고 국회에서 특별법을 제정해서 처리한다고 한 것인데 국회의 의석으로 볼 때도 22대 총선 전에 관철 된다는 것은 불가능한 일인데 총선을 앞두고 시민들께 희망 고문을 해서는 안 된다는 생각이 들었다.

김포와 가장 인접한 도시의 수장으로서, 또 김포가 제2의 고향이자 정치적 본향이라 할 수 있는 나는 그 정략적 주장의 실체를 알려주어야 한다는 의무감이 있었다. 금방 잠잠해질 줄 알았는데 이슈는 계속 커져갔다. SNS를 통할까 하다가 기자회견을 열기로 했다. 비판의 수위도 최고조로 하기로 정했다. 가장 단호한 모습을 보이기 위해서였다. 평소 남에 대한 비난은 되도록 삼가하려 애쓴다. 여하한 그의 입장을 충분히 헤아려주고 존중하려고 애쓴다. 하지만 정말 터무니없는 논리를 댈 때, 그것도 두 귀는 꼭 막고 막무가내로 들이밀면 강도 높은 비판도 마다하지 않는다. 김포의 서울 편입 문제가 그랬다. 사회적 파장이 만만치 않은만큼 사안이 위중했다. 실현 가능성 자체도 문제였지만 만에 하나 현실화될 경우 서울인접도시들의 연쇄 반응도 크나큰 사회문제가 될 소지가 있었다. 뭔가 충격이 필요했다. '정치쇼'란 극단의 표현은 그래서 나왔다. 내 정치 역사상 가장 강도 높은 비판이었다. 그것도 우리 당을 향한.

## 대한민국형 메가폴리스

나는 공직사회에 발을 들인 이후 두 번의 장관과 세 번의 국회의원, 기초자치단체와 광역단체의 장을 역임했다. 그 과정에서 국가와 지방자치단체의 행정에는 이론과 실무경험을 두루 갖추었다고 자부한다. 특히 행안부 장관과 자치 단체장을 하면서 대한민국 전체의 행정체제 개편에 깊은 관심을 갖게 되었다. 효율적이고 체계적인 행정체제가 갖추어져야만 비용을 절감하고 국민들의 행정서비스 체감도를 향상시킬 수 있기 때문이다. 지금의 행정체제는 일제 강점기의 잔재다. 1995년 지역의 자주권을 보장하는 지방자치제도가 전면실시되었지만 권한은 여전히 중앙에 집중되어 있어 허울뿐인 자치라는 푸념이 터져나오고 있다. 게다가 인구가 지속적으로 줄어들면서 지방소멸이 사회적 화두로 떠오르는 이 시대가 됐다. 반세기 훨씬 전의 행정체제를 고수하고 있는 것은 양복 입고 짚신 신은 격이다.

김포의 서울 편입 문제가 공론화 되면서 제기된 메가폴리스(Megapolis) 개념은 사실 오래전부터 나의 일관된 주장이었다. 먼저 현재의 경인지역 수도권을 기존의 서울권과 인천을 중심으로 부천, 김포, 시흥 등을 포함하는 서부광역권, 고양, 파주, 의정부 등을 중심으로 하는 북부광역권, 수원, 성남, 용인 등을 묶는 남부광역권의 4권역 체제로 개편하는 방안이다. 다른 지역도 부산, 대구, 대전, 광주 등의 광역시를 중심으로 하는 대도시 권역으로 통합하고 전국의 시·군을 폐지해 40~50개의 단일광역행정권역으로 조정해야 할 필요가 있다. 이러한 방안이 현실화할 경우 인구, 면적, 행정력 등이 증가하면서 도시 자체의 경쟁력을 강화할 뿐만 아니라 지역균형발전에도 크게 이바지할 것이라고 믿어 의심치 않는다. 대한민국형 메가폴리스 전략의 핵심이다.

# 민선 8기 2년 반의 성과

### 40년 숙원의 해결

우리나라 제1호 고속도로인 경인고속도로는 인천과 대한민국 발전에 지대한 기여를 했다. 하지만 지난 50년간 인천을 남북으로 갈라놓아 지역 간 단절과 불균형을 초래해 온 원흉(?)이기도 했다. 상습정체 등으로 이미 고속도로의 기능이 다했다는 여론도 비등했다. 이에 지난 민선6기 시정부는 이 도로의 일반화 및 지하화를 발의했다. 여러 가지 이유로 그동안 지지부진해 왔지만 민선8기 들어 역점사업 중 하나로 추진해 왔다. 그런 노력 끝에 지난 2023년 6월 나는 많은 시민들과 함께 미추홀구 경인도로의 거대한 옹벽을 철거하는 퍼포먼스를 진행했다. 출발한 지 근 10년 만에 경인고속도로 일반화 사업에 첫 결실을 보는 순간이었다.

2025년 1월 23일 국가 재정사업평가위원회는 경인고속도로 지하화 사업에 대한 예비타당성 평가결과를 의결했다. 본 사업의 경제성이 충분히 인정된다는 취지다. 일반화에 이어 지하화까지 본궤도에 오른 것이다. 결정당시 미국 트럼프 대통령 취임식 참석차 미국 출장 중이던 나는 현지에서 최상목 대통령 권한 대행의 전화를 받았고 최대행은 축하와 함께 앞으로 이 사업이 잘 추진되도록 하겠다고 하였다. 최대행은 오랜 시간 동안 인천을 남북으로 갈라놓은 두 축 중 하나는 역사의 뒤안길로 사라지게 됐다. 이제 경인철도만 남았다. 이

또한 정상추진을 의심하지 않는다. 사회경제적 타당성은 물론, 실현 가능성도 높고 무엇보다 사업추진의 명분이 확실하기 때문이다.

2023년 3월 인천 송도에서 GTX(수도권광역급행철도)- B노선 착공식이 열렸다. 민선 6기가 처음 공론화되면서 주변 시민들의 애를 태우게 한 사업이다. 2022년 노선이 최종 확정되었다. 2024년 1월에는 인천공항에서 출발해 수도권을 동서축으로 이어주는 GTX-D와 E의 노선까지 확정되었다. 그 외에도 공항철도와 서울지하철 9호선을 직결하는 사업은 장장 24년이라는 긴 시간 논의 끝에 2023년 1월 서울시와 합의해 착공을 눈앞에 두고 있다. 인천 2호선 철도를 고양까지 연장하는 사업은 2023년 예비타당성 대상으로 선정되어 그 결과를 기다리고 있다. 철도 교통만으로 서울 진출입 30분 시대가 머지 않았다.

# 글로벌 탑 10 시티를 향하여

## 1천만 인천시대의 개막

2023년 6월 5일 대한민국재외동포청이 인천 송도에서 문을 열었다. 전 세계에 살고 있는 7백만 해외동포들을 위한 정책을 만들고 그들을 위한 행정서비스와 각종 지원사업을 수행하는 기구다. 같은 해 2월 외교부 외청으로 기구를 신설하는 관련법안이 국회를 통과하면서 해외동포청의 설치 도시가 관심 위로 떠올랐다. 그 훨씬 전부터 우리 인천은 그와 관련한 정보를 입수하고 이미 오래전부터 동포청 유치에 공을 들여왔다. 인천이어야 할 명분이야 차고 넘쳤다.

먼저 인천은 대한민국의 근대적 이민 역사가 시작된 도시다. 1902년 전국각지에서 모인 121명의 조선인들은 인천에서 배를 타고 일본 나가사키항으로 떠났다. 그곳에서 신체검사를 받은 후 최종관문을 통과한 86명의 이민자들은 미국 상선 겔릭호를 타고 미국 하와이로 향했다. 그들은 대한민국 최초의 이민자로 기록됐다. 이후 120여 년 동안 새로운 삶의 터전을 찾아 떠난 이민의 행렬은 계속 이어졌고, 그 아픔과 희망의 역사는 중구 북성동의 '인천이민사 박물관'에 고스란히 전시돼 있다. 대한민국에 단 하나밖에 없는 박물관이다.

인천은 이미 오래전부터 해외동포를 위한 사업을 추진해 왔다. 송도국제도시에 조성 중인 글로벌 타운은 그 대표적인 사례다. 시와 경제청은 지난 2015년부터 ㈜인천글로벌시티를 설립해 '송도 아메리카 타운 조성사업'을 본격적으로 시행하고 있다. 재외동포와 재한외국인으로 분양자격을 한정한 아파트와 오피스텔 3천여 실을 짓고 있다. 1단계 사업은 지난 2018년 준공했으며 2단계는 올해 6월을 준공목표로 막바지 공사가 한창이다. 이 역시 대한민국 최초 사례다. 지리적 여건도 최상이다. 대한민국의 관문인 인천국제공항이 소재해 있고, 중국 주요도시와 연결되는 국제항도 여럿이다. 대한민국 1호 경제자유구역인 송도, 청라, 영종도 포함하는 도시다. 글로벌 비즈니스에 최적화한 도시다.

아무리 외청이라 하지만 외교부 직속 기관을 서울 아닌 다른 도시에 유치한다는 것은 결코 쉽지않은 일이었다. 조직 내부 반발이 가장 큰 허들이었다. 인천은 그들을 설득하기보다 해외동포들과 직접 접촉하고 소통하는 각개격파 전략을 구사했다. 그 결과 유럽한인총연합회 등의 단체가 인천에 동포청을 두어야 한다는 성명을 발표했다. 재외동포들을 대상으로 설문조사도 시행했다. 그 전에 재외동포재단의 설문조사 결과를 실증 혹은 반박하기 위한 대응조치였다. 하지만 해외동포청이 인천에 오는 것은 거스를 수 없는 순리였고 대세였다.

2023년 6월 5일 마침내 대한민국 해외동포청이 인천에 둥지를 틀었다. 송도국제도시 센트럴 파크에서 대통령이 참석한 가운데 성대한 개청식이 열렸다. 현 인천시민 300만과 재외동포 7백만을 합해 1천만 인천시대가 화려하게 막을 올린 것이다. 이를 기점으로 인천은 재외동포 거점도시 조성을 위한 본격적인 전략을 수립, 시행하기 시작했다. 동포청과는 별도로 재외동포에게 인천에 관한 통합정보를 제공하고 투자유치 등을 상담할 수 있는 재외동포 웰컴 센터와 한인 비즈니스 센터를 각각 개설했다. 2024년 5월 17회 세계인의 날을 맞아 인천을 외국인 친화도시로 선포하고 정착지원, 소통화합, 인권존중, 정책참여의 4대 가치 하에 56개 세부사업을 본격화했다.

　재외동포청 유치, 외국인 친화도시 조성, 도시간 국제교류 증진, 강화도 남단을 중심으로 경제자유구역 확대 등의 궁극적인 목표는 글로벌 탑 10 시티의 창출이다. 이는 민선8기 시정의 핵심목표이기도 하다. 우리 시는 이를 실현하기 위해 외자기업에 대한 토지의 조성원가 공급, 투자유치 기업 인센티브 대폭 상향 등 더욱 공격적인 투자유치전략을 펴고 있다. 지방세 대폭 감면, 보조금 상향조정 등을 통해 해외에 나간 국내기업의 인천유턴도 적극 유인하고 있다. 일각에서는 이에 대해 회의적으로 보기도 하지만 하고자 하는 뜻이 있으면 길이 있다고 했다. 의지가 있으면 방법이 보이는 법이다. 나는 순리를 믿는다.

# 다시 이룬 대한민국 제2의 도시

## 인구면 인구, 경제면 경제

2024년 1월 인천에 주민등록을 둔 주민의 수가 3백만 명을 넘었다(1월 29일 현재 주민등록인구는 3,000,043명). 1981년 부산시 이후 44년 만에 벌어진 일대 사건이었다. 게다가 저출산과 인구감소에 지방소멸까지 심각한 사회문제로 제기되는 상황이었다. 그런 악조건을 뚫고 우리 인천은 인구가 증가하는 유일한 대도시로 등극한 것이다. 거기에 i+1억 드림, 천원 주택 등의 여파는 컸다. 2024년 인천에서 출생한 아이는 1만5,747명으로 전년 대비 11.3%나 는 것으로 나타났다. 전국 평균보다 4배 가까이 높은 수치다. 대표적인 인구감소

지역으로 꼽히던 강화군도 소폭이나마 인구수가 증가한 것으로 나타났다. 인천은 머지 않아 인구로 부산을 추월해 명실상부한 대한민국 제2의 도시가 될 것으로 전망하고 있다.

인구만 느는 게 아니다. 통계청이 발표한 자료에 따르면 2023년 인천의 지역내 총생산(GRDP)은 사상 처음으로 117조 원을 넘어선 것으로 나타났다. 서울 바로 다음이었다. 경제규모로 대구는 물론 부산까지 제친 쾌거였다. 실질 경제성장률도 전국 17개 시도 중 가장 가팔랐다. 전국 평균 경제 성장률이 1.4%에 그친 반면 인천은 4.8%까지 치솟으며 2년 연속 전국 1위를 달성했다. 경제적 측면에서 가장 역동적인 성장을 거듭하는 도시 인천으로 당당하게 자리매김하게 된 것이다.

국내 1호 경제자유구역인 송도, 청라, 영종의 역할과 공이 지대했다. 인천경제청은 외자유치 실적, 외투기업 경영환경, 외국인 생활여건 등에서 5년 연속 최우수 등급으로 인정받았다. 이곳에 유치한 외국인 직접투자(FDI)는 147억 달러로 국내 9개 경제자유구역이 유치한 총금액의 70%를 차지하고 있었다. 코로나 팬데믹 사테를 계기로 그 중요성이 여실히 입증된 바이오산업 중심도시로 우리 인천이 우뚝 서고 있다. 대한민국 정부는 그 가능성을 미리 알아보고 2024년 우리 인천을 바이오국가첨단전략산업 특화 단지로 지정했다. 인천이 세계 1위 바이오 메가 클러스터로 발돋움할 수 있는 기반을 마련한 것이다.

## 최고의 브랜드가치 인천

　민선 8기 출범 후 불과 2년 이내 이룬 눈부신 성과는 외부기관의 후한 평가로 이어졌다. 가장 먼저 지방정부 혁신 부문에서 높은 점수를 받았다. 2022년부터 2024년까지 3년 연속 최우수 기관으로 선정된 것이다. 민선 8기 시정부는 출범과 동시에 민간이 주도하는 시정혁신단을 띄웠다. 시정 각 분야의 혁신방안을 제시하고 이의 추진상황을 꼼꼼히 챙겨 보는 것이 주임무다. 비상설기구가 아니라 정기적으로 회의를 열고 평가를 받는 상설기구로 격상시켰다. 행안부는 이에 대한 공로를 인정한 것이다.

　'시민 안전' 분야에 있어서는 트리플 크라운의 영예를 차지했다. 2023년 재난대응 안전한국훈련 평가 대상, 2023 집중안전점검 최우수 기관 선정, 2023 안전문화대상까지 차례로 수상한 것이다. 잇단 재난사고와 코로나 팬데믹을 겪으면서 전국민적 관심사로 떠오른 '안전'분야에서도 우리 인천이 공식적으로 최고의 도시로 인정받은 셈이다.

　2023년 처음 실시 된 대한민국 공공디자인 대상 지자체 부문에서 최우수상을 수상하기도 했다. 지역 내 공공디자인 활성화를 위한 적극적인 기반조성에 대한 공을 인정받은 결과였다. 인천이 받는 많은 상 중 개인적으로 가장 의미 있는 건 2023년 지방재정우수상이었다. 비록 장관상이었지만 물경 13조 원의 부채를 안고 출범해 4조 가까이 빚을 갚고 재정건전단계까지 격상시켰던 민선 6기 시절이 떠올랐기 때문이었다.

민간부문에서도 높은 평가를 받았다. 올 1월 한국기업평판연구소는 지자체별 브랜드 평가 빅데이터를 분석한 결과를 토대로 우리 인천이 전국 최고 도시로 선정했다. 30개의 국내도시와 관련한 5,174만 7,385개의 데이터를 망라해 분석한 결과였다. 2024년 11월 8위에서 급상승했다. 2, 3위에 그친 부산 대구와의 차이는 컸다(인천 브랜드지수 1,820,591, 부산 1,565,753, 대전 1,228,994). 해당 도시들 중 유일하게 브랜드 가치가 지속상승 중인 도시로 나타났다.

# 준비된 유정복
# 검증된 삶의 궤적

- 유정복의 정치 서막 / 116
- 유정복의 정치 신념 / 123
- 두 번의 청문회 청백리 입증 / 128
- 내가 필요하다는 곳에 나를 던진 정치 여정 / 132
- 생명 평화 안보의 파수꾼 / 144
- 다시 정복한 민선 8기 인천광역시장 / 156

우리 속담에 "열 길 물속은 알아도 한 길 사람 속은 모른다"는 말이 있다. 그만큼 드러난 외모나 보여주는 행동만으론 복잡 미묘한 사람의 진면목을 파악하기 어렵다는 의미일 것이다.

세상 살면서 누구나 한두 번은 경험하는 일이고 너무 심한 배신이나 사기를 당한 경우엔 마음의 상처가 깊어 누구도 믿지 않는 불신의 늪에 빠지게도 된다.

사람을 믿지 못한다는 것은 참으로 불행한 일이다.

그런데 지금 우리 국민은 그 누구도 믿을 수 없는 참담한 현실 속에 갇혀있다. 특히 국민으로부터 권한을 위임받아 이 나라를 책임지고 있는 입법, 사법, 행정부에 대한 불신은 나날이 그 온도가 높아지고 있고 혹여 세계 6위의 부강한 대한민국이 남미의 국가들처럼 추락하지 않을까 우려하고 있다.

그중에서도 국민이 뽑는 정치인들에 대한 불신은 정치인의 한 사람으로서 부끄럽고 안타깝기 그지없다.

정치인들은 선거 때가 되면 자신이 가장 능력 있고 깨끗하고 국민을 섬기는 종이라고 부르짖는다. 그런데 막상 당선되고 나면 그들은 상전이 되고 모리배가 되고 정치꾼이 된다.

그래서 나는 국민께. 능력 있고 정직하고 국민을 위해 헌신할 수 있는 후보를 당선시키기 위해 철저히 검증하고 표를 주자는 의견을 제시한다.

제대로 된 사람을 선별하기란 쉽지 않다. 그 기준도 애매하다. 관상을 보거나 아는 사람의 요구에 의해 표를 던질 수도 없다. 그렇다면 어떻게 해야할까?

그 사람의 도덕성을 포함한 능력 즉 자질은 그 사람의 미래를 볼 수 없는 이상 살아온 과거의 흔적을 통해 알 수 있다.

나는 감히 내가 걸어온 삶의 과정을 통해 그 어느 정치인보다 깨끗하고 능력 있고 섬길 줄 아는 정치인임을 자신 있게 밝힐 수 있다. 정말로 부끄럽지 않게 살아왔고 국민을 섬기는 정치를 실천해왔다고 자부하기 때문이다.

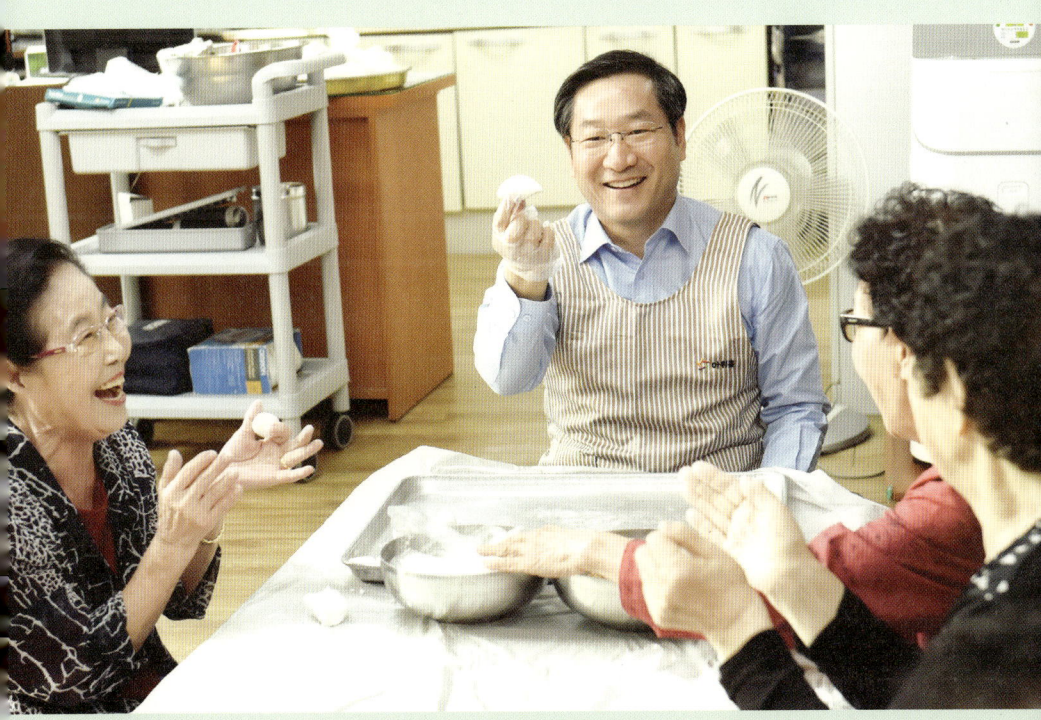

## 유정복의 정치 서막

내가 오늘날 300만 인구의 인천광역시장으로서 시정을 이끌며 영향력 있는 정치인으로 우뚝 서기까지는 그 어떤 정치인도 흉내 낼 수 없고 경험할 수 없는 독특한 정치입문 사연이 있다.

돌이켜보면 22세에 행정고시에 합격하여 공직자가 된 이후 나는 주어진 직분에 충실하면서 국가가 부여한 책임을 다해 국민에게 봉사하는 정직하고 유능한 공무원이 되겠다는 생각뿐이었다.

누구보다 열심히 일했고 노력한 끝에 1994년 1월 3일 제 33대 김포 군수로 부임했다.

당시 공무원의 꽃으로 불리던 군수직을 36세라는 꽃다운 나이에 명 받았으니 개인적으로 영광이요 가문의 자랑이기도 했다. 더구나 전국 최연소 군수라는 기록을 세우는 계기이기도 했다.

이 당시는 내가 선거에 출마하여 유권자의 선택을 받아야 하는 정치인의 길을 걷게 되리라곤 상상조차 하지 않았다.

2025년은 지방자치 30주년을 맞이하는 해다. 최초의 자치단체장 선거가 실시되었던 1995년에 인천시가 광역시로 승격되었는데, 공교롭게도 김포군수 취임 1년 3개월이 되던 그해 3월 29일에 나는 인천 서구청장으로 전보발령을 받았다. 역시 전국 최연소 구청장의 기록이었다.

그런데 서구청장 부임 이후 뜻밖의 부름을 받게 됐다. 그해 6월에 치러지는 첫 민선 김포군수 선거에 출마하라는 김포군민들의 요청이 이어졌다. 급기야 김포주민 100여명이 서구청에 몰려와 5,000여명이 서명한 연명부를 쌓아놓고 김포의 미래를 위해 민선 군수에 출마하라고 요청했다.

하지만 나는 관료의 길에

들어선지 얼마되지 않은데다가 정치인의 길이 불확실하고 험난하다는 것을 잘 알고 있었기 때문에 주민들의 요청에 답하기 어려웠다. 그러자 재경 김포향우회의 회장단이 찾아와 재차 김포군수 출마를 간청했다. 곰곰이 생각했다. 공직자의 길은 궁극적으로 국민에게 봉사하고 국가발전에 기여하는 것이 아닌가? 일신의 안위만을 생각해서 주민들의 요청을 외면하는 것은 공직자의 본분이 아닐뿐더러 비겁한 결정이 될 수도 있다는 생각이 들었다.

무엇보다도 관선 군수로 근무했던 김포군의 주민들이 인천 서구청까지 찾아와 출마를 권유하는 것은 어쩌면 내게 과분한 요청이자 '영예로운 부름'이었다. 그것은 근본적으로 국민의 부름, 국민이 나를 부르는 소명(召命)이었다.

실로 어떤 정치인이 이러한 연유로 정치인이 되었을까?

지금 생각해도 자랑스럽고 벅찬 주민들의 부름이 아닐 수 없다. 나는 이에 내 모든 것을 다해 주민의 요구에 보답하기로 하고 미래의 내 운명을 하늘에 맡기는 심정으로 정치의 길에 들어섰다.

하지만 급작스런 결정으로 어려운 점들이 많았다. 주변에서는 전도가 유망한 30대 고위공무원이 안정과 승진이 보장되는 길을 저버리고 사실상 무연고 지역에 무소속으로 출마하는 것은 무모한 행위라는 염려가 많았다. 지연, 학연, 혈연도 없고 또한 정당도 없는 무소속으로 그리고 아직 30대인 나로선 '4무'의 난관을 오로지 주민들의 요청에 응했다는 정당성으로 뚫고 나가야만 했다. 돌이켜 보건대 그

것은 '부름에 대한 응답'으로서 정치의 현장에 승리의 깃발을 들고 일기당천의 기세로 밀고 나가는 형국이었다.

아니나 다를까 이러한 나의 마음을 알아주듯이 김포군민들이 자발적 자원봉사자로 나서서 선거운동을 해주었다. 주민들 또한 자신들이 부른 후보라는 것에 자부심을 갖고 뛰었다. 그래서인지 6월17일 개표결과는 놀라운 것이었다.

당선에 대한 확신을 갖고 있었지만 무소속 후보인 내가 여당인 민주자유당 후보(10,748표)와 민주당 후보(7,280표)의 표를 합한 것보다 많은(18,298표) 득표수를 획득해 주민과 언론인들을 놀라게 했다. 급작스럽게 이뤄진 출마였지만 완승이었다.

언론에서는 이를 혈연, 지연, 학연을 뛰어넘은 선거혁명이라고 평가했다.

이후 나는 김포군을 김포시로 승격시키고 초대 김포시장이 되었으며 1998년에 실시된 지방선거에서 김포시장에 재선됐다.

이후 3선 도전에 실패한 나는 김포시장에서 물러난 후 개인 발전을 위한 충전의 시간을 갖다가 이때도 수 많은 주민들의 거듭된 요청에 의해 정치 행보를 바꿔 국회의원에 도전하게 되었다.

2004년 실시된 17대 총선에 김포시지역구 국회의원 후보로 처음 출마할 때는 김포군수 선거와는 질적으로 다른 시련이 닥쳤다. 나로선 국회의원선거의 공천(예선)과 본선거를 처음 경험하는 것이어서 중앙당 공천과정 및 경선에서 초보자의 신세였고, 당시에 노무현 대통령 탄핵사태로 인한 여론의 역풍이 거셌다.

   나는 지역주민들의 요구와 권고로 한나라당에 공천을 신청하게 됐는데, 기존의 김포시지역위원장과 경선을 하게 됐다. 처음 치루는 경선이라서 결과를 장담하기 어려웠지만 거의 두 배 차이로 승리함으로써 국회의원 후보로 출마할 수 있게 됐다.

   공식선거운동이 시작되자 노무현 대통령 탄핵사태로 인한 역풍이 전국적으로 거세게 불면서 각종 여론조사에서 한나라당 후보들이 매우 불리한 정황이 나타났고, 실제로 선거 현장에서도 좋지 않은 분위기를 체감할 수 있었다.

   처음으로 총선에 출마한 나로선 국회의 탄핵사태에 아무런 책임도 없었고, 의정활동을 처음 시작해보려는 순간에 기존 정치의 문제들로 인해 선거판이 완전히 기울어졌다는 생각이 들기도 했다.

   하지만 나는 입술이 터지고 발이 부르트도록 뛰고 또 뛰면서 주민들에게 다가갔다. 이러한 나의 마음을 아는 듯 지역주민들이 조금씩 다가오는 느낌이 들었는데, 선거운동 막판에 박근혜 대표가 김포시청 앞 네거리에 도착했을 때 많은 인파가 몰리면서 분위기의 변화가 느껴졌다.

선거일 오후 6시 방송사 출구조사 발표에서 JTBC의 예측은 5% 차이로 뒤지는 것으로 나타났다. 선거캠프는 침묵이 흘렀고 실망하는 표정들이 역력했다. 실제로 개표 초기에 상대후보보다 뒤지는 현상이 나타났다. 그런데 잠시 후 표 차가 줄어들며 역전하기 시작했고 캠프 관계자들은 만세를 부르며 화색이 돌기 시작했다.

결국은 역전승을 거두었다. 내가 김포군수, 김포시장으로 일했던 이력과 당시 혼란스러웠던 정국 상황에서 '바람입니까? 인물입니

까?'를 외치며 정치 소신과 능력을 설파한 나의 진정성이 탄핵 역풍을 뚫고 시민들에게 울림을 준 결과였다.

나는 김포에서 국회의원 3선을 할 정도로 지역주민들의 지지와 성원을 받는 정치인으로 우뚝 섰고 이러한 결과는 유정복이 진정한 정치인으로 자리매김하는데 원천이 되었다.

나는 김포군이 1998년에 김포시로 승격한 후에 첫 민선시장으로 당선됐고, 그 후에는 김포시 국회의원으로 3선을 했다. 김포는 나의 정치인생에서 영원히 지울 수 없는 둥지이자 결실을 맺은 정치의 본향이다.

## 유정복의 정치 신념

나는 김포주민의 열화와 같은 요청에 의해 정치인으로 입문하였고 3선국회의원과 두 번의 장관직을 마치고 재선 인천광역시장으로서 부여된 사명을 수행하고 있다.

그렇다면 나는 왜 정치를 하고 나는 정치를 어떻게 펼칠 생각을 하는걸까?

기본적으로 나는 '정치는 국민을 편안하게 하는 것'이라는 대전제를 갖고 있다.

익히 여러 번 밝힌 바와 같이 "국민으로부터 선택받은 자가 국민으로부터 위임받은 권력을 갖고 각양각색의 국민들을 설득하고 통제해 사회질서를 확립하면서 국가의 정책(선택된 자의 비전)을 추진해 국민을 잘살게 하는 일이 정치다"라고 생각한다.

나는 정치인이다. 즉 정치가 직업이고 이 직업은 자기가 원한다고 할 수 있는 게 아니고 선거를 통해 선택되어야만 권력이라는 틀 안에서 자기의 정치 이상을 펼칠 수가 있는 것이다.

나는 나의 정치 비전 즉 꿈을 실현하고자 정치를 한다.

이 꿈은 개인의 영달을 위한 것이 아니라 국민(시민)을 편안하게 하기 위한 정치실현을 위한 것이다.

그것은 나의 목표고 이상이다.

표를 바라는 정치가 아니고, 여론을 의식한 정치가 아니고, 보여주기식 정치가 아니고, 자기편의 이익을 위한 정치가 아니고, 진정으로 시민을 위한 정치여야 한다는 것이다.

즉 적당히 주민 입맛을 맞추는 정치가 아니라 미래 이 땅의 주인이 될 우리 후손들과 우리가 터 잡고 사는 이 지역과 현재를 사는 시민들의 편의와 행복한 삶을 위한 창조적이고 계획적이고 실현 가능한 정치여야 한다는 것이다.

그건 국민들께 미래에 대한 청사진 즉 비전을 제시하고 보여주는 것으로부터 시작된다.

소위 지도자라고 하는 정치인은 그것을 설계할 능력이 있어야 하고 생각할 실력이 있어야 하며 그것이 시민에 대한 도리이고 그 정치인의 능력이며 자질이며 여타 정치인과의 차별화인 것이다.

정치인도 상상력이 필요하고 창조적 능력과 과학적 사고 그리고 현실적 경제 감각과 판단력과 결단력이 필요하다.

이러한 능력은 하루아침에 생기는 것이 아니고 축적된 정치경험과

인간성과 지도자적 역량과 내재 된 지식과 실력에서 나오는 것이다.

　물론 적재적소에 적합한 전문인력을 배치하고 이들이 능력을 발휘할 수 있게 하는 용인술 즉 지도력이 있어야 가능하다.

　나는 군수 때부터 국회의원과 장관과 인천시장을 역임하는 동안 어느 직에 서건 나만의 정치적 꿈을 실현해왔다.

내가 정치를 하려는 이유는 바로 이런 것이다.

차별화된 정치! 궁극적으로 내가 속한 지역과 국민(시민)들의 미래를 위해 미리 준비하고 설계하고 실현시켜 '국민(시민)이 편안한 정치'를 실감하도록 하는 것이 목표고 꿈인 것이다.

## 두 번의 청문회 청백리 입증

나는 3선 국회의원을 하는 동안 두 번이나 장관을 겸직했다.

이명박 정부에서 농림수산식품부 장관, 박근혜 정부에서 안전행정부 장관을 했다.

지난 2005년부터 모든 국무위원으로 확대된 국회 인사청문회는 그 대상이 지속적으로 확대되면서 정부의 요직 전반에 걸쳐 실시되고 있다. 그 이전에는 국정원장, 검찰총장, 경찰청장, 국세청장 등에

대해서만 청문회가 열렸고 장관직 국무위원들은 주로 언론에 의한 다소 자의적인 검증이 이뤄지면서 사실확인 이전에 과도하게 경쟁적인 보도로 여러 부작용이 나타났다.

17대 국회의원이었던 나는 이러한 폐단을 시정하기 위해 모든 국무위원이 국회의 인사청문회를 거치도록 하는 법안 4개를 대표 발의해 본회의에서 통과시켰다. 이에 따라 인사청문회가 제도화되는 성과를 거두었으나 청문회의 검증과정에서 후보자 지명이 철회되거나 후보자가 사퇴하는 일이 빈발했다. 당시만해도 나는 내가 발의한 법에 의해 내가 인사청문회에 설 줄은 생각하지 못했다.

역대 정부는 국회의 청문 보고서 채택이 보류되거나 부적합 결론이 난 후보자에 대한 임명 강행으로 야당과 대립하는 경우가 많아지면서 원만하게 보고서가 채택되는 사례가 점차 희박해졌다. 이러한 현상은 문재인 정부와 윤석열 정부에서 더욱 심화되었는데, 국회 인사청문회에도 진영논리에 의한 갈등이 강하게 개입하는 것과 무관하지 않다고 생각한다.

돌이켜 보건대 내가 이명박정부와 박근혜 정부에서 장관에 임명되었을 때 여야 만장일치로 보고서가 채택된 것은 우연한 행운이 아니라 그만큼 자기관리를 철저히 해왔기 때문이다.

다시 말하면 실오라기 하나라도 붙잡고 늘어지는 국회 청문회에서조차 문제가 되는 꼬투리를 잡을 수 없을 만큼 깨끗하고 정직한 삶과 정치를 해왔다는 증거다.

내가 청문과정에서 흔히 소소하게 불거지는 일들이 거의 없었던 것은 일찍이 청백리(淸白吏)의 길을 인도한 어머니의 가르침을 따른 덕분이었다. 어머니는 내가 공직에 있는 동안 늘 청렴과 공정을 말씀하셨고 김포군수로 임명됐을 때는 건설업을 하던 형에게 "정복이가 있는 동안에는 김포에 못 하나도 막지 말라."고 신신당부하셨다.

나와 형제들은 어머니의 이 말씀을 가훈처럼 가슴에 안고 생활했다. 내가 10여년 동안 김포군수와 시장으로 있을 때 건설업을 하는 형들은 지인들의 의뢰가 있어도 '내 동생이 김포에 있는 동안에는 어떤 사업도 하지 않는다'며 수주하지 않았다.

더구나 후일 내가 인천시장으로 당선되었을 때는 평생 인천을 거점으로 건설업을 해왔던 형님이 많은 어려움에도 불구하고 회사를 경기도지역으로 옮겨 동생인 나를 배려했다.

이처럼 어머니의 말씀과 형제들의 배려는 나의 공직생활에 커다란 힘이 되었고, 그 덕분에 두 번의 인사청문회에서 만장일치로 보고서가 채택되는 데 무리가 없었다는 생각이 든다.

요즘도 그렇지만 당시 청문회의 낙마 메뉴는 주로 부동산과 위장전입이었다. 공직생활을 하면서 재테크라는 것을 해본 적이 없는 나로서는 두렵거나 불안한 것이 없었다. 내 삶의 과정이 있는 그대로 파헤쳐지는 것이 검증이라면 이를 받아들이는 것이 정치인의 당연한 의무라고 생각했다. 그동안 양심과 원칙을 지키며 스스로에게 부끄럽지 않게 살아 온 인생이 평가받는 당당한 자리가 될 것이라고 생각했다.

그렇다고 근래의 국회인사청문회가 제대로 운영되고 있다는 것은 아니다.

당리당략에 의해 무조건적으로 청문 대상에 대해 부적격 판정을 하고 청문보고서를 채택하지 않는 행위는 국민의 지탄을 받는 것이 당연하고 청문 방식에 대한 개선이 이루어져야 한다는 것이 내 생각이다.

그럼에도 불구하고 국민으로부터 권한을 위임받아 국정을 운영해야 하는 공직자는 명확한 공과 사를 구분해야 하고 투명해야 하기에 국회에서의 검증은 필요하다.

# 내가 필요하다는 곳에 나를 던진 정치 여정

돌아보면 내가 걸어 온 지난 30여 년의 정치 여정은 부름과 부응(副應)의 연속이었다.

1995년 지방선거에서부터 2025년 현재까지 이어진 나의 정치 인생은 국민(주민)이 내가 필요하다고 부르면 과감히 그 부름에 나를 던져 나를 필요로 한 국민께 내 모든 역량을 쏟아부어 성과를 내는 철저한 공직자의 정도를 걷는 삶이었다.

결코 무엇이 되겠다는 정치적 목표를 정하고 그 목표를 달성하기 위해 개인적 이익을 추구한 것이 아니라, 주어진 일 즉 국민이 부여한 책무를 성실히 수행하다 보니 국민을 위한 또 다른 정치적 길이 나타나 그 길을 걷게 된 것이다.

돌이켜 보면 1995년 지방선거에서 무소속으로 김포군수선거에 출마했던 것은 훗날에 닥칠 더 큰 도전과 응전의 예고편이었던 것 같다. 이를 시작으로 한 번은 2004년 김포시지역구 국회의원 출마였고, 또 한번은 2014년 인천시장 출마였다.

2004년 총선을 앞두고 노무현 대통령 탄핵사태가 발생했고, 2014년 지방선거를 앞두고는 세월호 참사가 발생했다.

공교롭게도 나는 그러한 시기에 첫 국회의원 출마와 첫 광역단체장 출마를 하는 바람에 커다란 시련을 맞이했으나 그 어려운 상황의 선거에서 모두 승리한 독특한 이력의 소유자가 됐다.

흔히 선거는 바람이라고 하듯이 자신이 속한 정당과 자신에게 유리한 바람이 불면 순풍이고, 그렇지 못하면 역풍이라고들 한다. 내게 두 번의 선거에서 분 바람은 순풍은 고사하고 역풍을 넘어 인정사정 볼 것 없는 광풍과도 같았다. 하지만 나는 세찬 물결을 거슬러 올라가 자신의 고향으로 회귀하는 연어처럼 두 번 모두 당선이라는 목적지에 도착했다.

첫 번째 도전은 2004년 4월에 실시된 17대 총선이었다. 나는 1995년 김포군수선거와 1998년 김포시장선거에서 연승했지만, 2002년 김포시장선거에서 낙선했다.

정치인으로서 첫 시련을 맞이한 나는 재충전과 함께 대학강의 등을 하다가 2004년 총선을 앞두고 또 다시 출마를 권유하는 '부름'을 받았다.

총선 출마는 내가 정치인으로서 본격적으로 변화하는 새로운 도전이었다.

당시에 나는 (사)전통문화예술연구소 이사장으로 지역문화 발굴, 전통국악공연 등을 하면서 김포대학의 초빙교수로 시민과 학생을 만나고 있었다. 또한 연세대 정치학박사과정에서 정치에 대한 이론과 생각을 좀더 체계적으로 다듬었다. 이런 와중에 2003년 말부터 이듬해 4월에 치러지는 국회의원 총선에 출마하라는 권유와 요청을 받기 시작했다.

계속해서 난색을 표하던 내가 새로운 부름에 부응하겠다고 결심한 것은 김포에서 4무(무지연, 무학연, 무혈연, 무소속) 선거로 당선되었던 승리의 경험과 김포시장 재임시 펼친 시정으로 시민들이 김포 발전을 체감하고 있다는 점도 작용했다.

나는 중앙정치 무대에 특별한 인맥이 없었지만 당시 한나라당의 혁신과 공천개혁을 믿고 2004년 1월 9일에 총선 출마를 선언했다. 이후 공천신청을 거쳐 중앙당의 면접을 마쳤지만 후보경선 실시도 불투명했다.

시간이 지나 공천심사위원회에서 인물검증과 지역여론을 마친 후에야 경선을 확정했다. 이로써 지역조직을 관장하던 현역 지역위원장과 경선을 하게 됐는데, 주민들의 자발적 지지와 성원에 힘입어 큰 차이로 승리했다.

또한 그러한 기세가 여론조사에도 반영되어 총선예측조사에서 경쟁 후보를 압도했다.

그런데 커다란 변수가 생겼다.

2004년 3월 12일 국회에서 헌정사상 최초로 대통령 탄핵소추가 의결됐다. 무난한 선거를 치를 것이라는 예상을 깨고 정국이 급반전되기 시작했다. 전국적으로 여론이 요동치면서 기존에 우세했던 후보와 뒤처졌던 후보의 지지율이 정반대로 뒤집히고 그 격차도 컸다.

여론은 백약이 무효일 만큼 들끓었고 거리에 나서면 건네는 명함을 받지 않거나 그 자리에서 길에 버리고 심지어는 찢어버리는 상황까지도 감내해야 했다. 속수무책이었다.

상당히 앞서 있던 지지율이 상대 후보의 절반 이하로 폭락했다. 비상등이 켜졌지만 뾰족한 수가 없었다. 선거운동도 맥이 풀리고, 만나는 사람마다 '무조건 진다'는 반응이었다.

나는 성난 민심 앞에 더욱 깊이 고개를 숙였지만 좌절하며 포기하지는 않았다. 나는 진정성으로 재무장하고 하루 서너 시간만 자면서 시민들을 찾아갔다. 몸무게가 6~7kg 가량 빠질 정도로 강행군을 하면서 거센 바람에 맞섰다.

"바람입니까? 인물입니까?" 인물론으로 난관을 뚫고 나가는 동안에 군수 및 시장 시절의 나를 기억하는 시민들이 조금씩 마음의 문을 여는 것이 느껴졌다. 실제로 예측조사에서 지지율이 점차 상승세를 타기 시작했지만 투표일까지 남은 시간이 많지 않아 역전을 기대하기는 힘든 상황이었다.

하지만 막판 상승세의 기폭제가 터졌다. 투표일이 일주일 정도 남은 4월 9일에 박근혜 대표가 시청 앞 사거리의 사우광장으로 지원유세를 온 것이다. 당시 한나라당이 전국적 대패가 확실시되면서 박 대표가 전국을 돌며 접전지역을 집중적으로 지원하던 중이었다.

집회 장소는 평소에도 각 정당의 유세가 많았던 곳이지만 이날은 비교할 수 없을 정도로 많은 인파가 몰렸다. 한층 고무된 나는 "4년을 맡길 사람, 바람입니까? 인물입니까?"라고 외치며 지역에서 검증된 후보를 지지해줄 것을 호소했다.

개표 당일의 출구조사와 초반 개표는 나의 패배 쪽으로 기울었다. 나의 첫 총선 출마는 패색이 짙어지는 듯했다.

그런데 투표함이 열릴수록 표 차이가 줄어들더니 드디어 역전되었다. 당시 승리하기 힘든 선거라는 사실을 잘 알고 있었던 당원과 지지자들은 함성을 지르며 서로 껴안고 눈물을 흘렸다.

그렇게 나는 국회에 입성했다.

두 번째 도전은 2014년 6월에 치러진 인천시장선거였다.

2012년 총선에서 당선돼 3선 국회의원이 되었고, 그해 말에 치러진 대선에서 박근혜 후보가 당선됐다.

2013년 새 정부가 출범하면서 나는 행정안전부장관으로 취임했고, 이듬해에 예정된 전국동시지방선거에 관한 주무부처의 장으로서 눈코 틀 새 없는 나날을 보냈다. 연말이 되자 언론에서는 2014년에 치러질 지방선거를 거론하며 당시 지역구가 경기도 김포인 점을 들어 경기도지사 후보로 회자하기 시작했다.

시간이 지날수록 지방선거에서 이른바 '빅3'로 지칭되는 수도권 광역단체장 선거(서울, 인천, 경기)의 중요성에 따라 내가 출마해야 한다는 요구가 나오기 시작했다.

급기야 내가 인천 출신인 점을 들어 인천 출마가 점쳐지고 정치권에서도 인천에 출마하라는 요구가 점점 거세졌다.

이 또한 새로운 국민의 '부름'이었다. 나는 이러한 부름에 부응하여 새로운 도전에 나설 것인가를 놓고 고심해야 했다.

인천은 내가 태어나 초중고를 나온 내 삶의 요람이자 둥지였고, 어린 시절의 추억이 깃든 고향이다. 하지만 나는 그때까지 20여 년 동안 정치를 하면서 인천에서 서구청장을 잠시 한번 한것 외에는 공직 경험이 없는 지역이었다.

그럼에도 인천시장 출마 권고와 부름이 거세지는 것은 그동안 키운 나의 역량을 고향 인천의 새로운 발전을 위해 쓰라는 또 다른 사명이라는 생각이 들었다.

나는 20여 년 전, 민선 김포군수에 출마할 때처럼 나를 필요로 하는 곳에 나를 던져야 한다는 생각이 들었다. 이미 피할 수 없는 어떤 운명이 나를 이끌고 있는 것이 아닌가 하는 생각이 들었다.

막상 출마 결심을 하고 나자 고향 인천에 대한 여러 생각들이 물밀 듯이 밀려와 마음을 설레게 했다. 송림동 피난민촌에서 시작된 어린 시절의 꿈과 눈물, 우리 가족의 삶, 송림초등학교와 선인중과 제물고의 학창시절과 친구들, 오늘의 내가 있기까지 지나왔던 날들이 주마등처럼 스쳐갔다.

    또한 나는 이러한 감회를 넘어 인천의 새로운 비전과 도약을 이뤄내는 리더십을 발휘하는 것이 나의 고향 인천에 진정으로 보답하는 길이라고 생각했다.

    나는 인천으로 가기 전에 그동안 나를 키워주었던 정든 김포시민들에게 작별의 인사를 해야 했다.

2014년 3월 4일. 나는 김포시민회관에 모인 시민과 당원들에게 불가피한 상황을 설명하고 용서와 이해를 구했다.

뒤이어 3월 6일 오전에 장관 이임식을 하고, 오후에 인천시청 기자실에서 공식적으로 인천시장 출마를 선언했다. 이어진 기자간담회에서 석 달 정도 남은 시장선거에 나선 것에 대해 이른바 '차출론'이 제기됐지만, 진정한 정치인이라면 국가와 국민의 부름에 응하여 국가와 지역을 위해 자신을 던져야 한다는 평소의 지론을 밝혔다.

어쩌면 정치와 선거에서 차출과 소명은 동전의 양면과 같다는 생각도 든다. 본인의 의사와 무관하게 끌려만 가면 말 그대로 차출이지만, 본인의 의지로 적극적으로 응하여 도전하는 것은 운명을 자신이 결정하는 것이다.

1995년에 김포군민들이 인천 서구청에 찾아와 김포군수선거에 출마하라고 요청한 것도 일종의 차출이 아닌가? 서구청장을 사직하고 김포군수선거에 출마한 것과 안행부장관을 사직하고 인천시장선거에 출마한 것은 선거라는 경기에서 체급만 달라졌을 뿐이고 출마의 동기는 다를 것이 없었다.

막상 선거운동을 준비하게 되자 인천은 나의 고향이기 이전에 다양한 출신지로 구성된 인구분포와 수많은 단체 및 조직의 이해관계가 얽힌 복잡한 대도시로 변화해 있었다.

특히 8년 동안 인천시정을 이끌면서 당원과 조직을 꾸려온 안상수 전 시장과의 경선은 만만치 않은 도전이 될 것이라고 많은 정치인들이 내다봤다.

나는 '깨끗하고 유능한 시장후보'라는 기치를 높이 들고 당시에 논란이 되었던 인천의 부채·부패·부실을 청산하는 대변혁을 통해 인천을 수도권의 변방에서 국가발전의 핵으로, 수도권의 새로운 중심으로 세워나가겠다는 청사진을 제시했다.

그런데 2004년 총선 때는 탄핵열풍이 불더니 이번에는 세월호 침몰이라는 엄청난 태풍이 몰려왔다.

4월 15일 밤에 인천항을 출발해 제주도로 향하던 세월호가 물살이 험난한 진도군 맹골수도(水道)에서 침몰하여 수학여행을 가던 단원고 2학년 남녀학생들을 비롯해 300명이 넘는 인명피해(사망 299명, 실종 5명)가 발생했다.

국내는 물론이고 세계가 놀란 엄청난 사건이었고, 특히 수많은 어린 학생들이 희생됨으로써 어른들이 고개를 들 수 없었던 비극적 참사였다. 무고한 어린 학생들이 엄청나게 희생된 사고로 인해 국가 차원에서 조기를 걸었던 시기에 경선이나 선거란 말은 꺼낼 엄두조차 낼 수 없었다. 모든 선거관련 일정이 중지되면서 4월 23일로 예정되었던 경선도 기약 없이 미뤄졌고, 정치권도 자책과 애도의 시간을 보내야 했다.

2004년의 탄핵역풍은 야당 후보로 맞이했지만, 2014년의 세월호 참사는 여당 후보로 맞이했다는 점에서 내게 더 어려운 국면이었다. 또한 공교롭게도 내가 국민의 안전을 책임지는 안전행정부의 장관을 사직하고 멀지 않은 시점에 충격적인 안전사고가 발생했다는 점에서 죄스러운 마음으로 심란한 나날을 보내야 했다.

무엇보다도 아이들을 둔 아버지로서 슬픔과 죄책감이 몰려왔다. 이 땅의 모든 어른이 죄인이었고, 특히 정부여당은 무한책임을 지고 사태수습에 나서야 했다. 이런 상황에서 당시 선거는 여당에 대한 민심이반이 강하게 표출될 것이 불을 보듯 훤했다.

또한 정치권에서는 선거 일정을 미뤄야 한다는 이야기도 나왔지만 여러 가지 논란이 장기화되는 분위기에서 선거 연기는 선거법에서 이탈하는 것을 넘어 사실상 선거의 무한표류를 의미하는 것이었다.

특히 자치단체장과 지방의원의 임기 문제를 포함해 지방정부 전반에 부작용과 불확실성을 초래할 것이란 우려가 커졌다. 이에 따라 주요 정당이 5월부터 경선 등 공천 절차를 신중하게 진행하는 가운데 인천시장 경선도 조용하게 치러지게 됐다.

나는 당내 경선에서 승리해서 후보로 확정되었지만 세월호 참사의 후폭풍으로 당선을 기대하기 어려운 상황이었다. 실제로 각종 여론조사에서 현직 시장인 송영길 야당 후보에게 큰 차이로 뒤지는 추세가 이어졌다.

그럼에도 나는 민선 이후 역대 시장 중에서 사실상 인천 출신이 한 명도 없었다는 생각이 들어 남다른 소명의식으로 선거에 임했다. 2004년 총선에서 탄핵역풍을 이겨냈던 것처럼 최선을 다했다. '깨끗하고 힘 있는 시장!'과 '시민이 행복한 인천!'을 내걸고 후보자토론 등에 성실하게 임했다.

선거일이 다가오면서 점차 지지세가 반등하는 기운이 느껴졌지만, 대다수 언론은 내가 열세를 뒤집기는 어려울 것으로 보았다.

운명의 날. 6월 4일 저녁 6시에 공표된 방송3사 출구조사에서 그동안 상대후보와 차이가 상당했던 내가 격차를 급속히 좁히고

0.3%라는 근소한 차이로 역전하는 것으로 나타났다. 초조한 분위기가 자리잡았던 선거사무소에 이내 환호성이 터지고 활기가 돌기 시작했다.

하지만 독자적으로 출구조사를 실시한 종합편성채널 JTBC는 거꾸로 상대후보가 5.8%를 앞서는 것으로 보도했다.

내가 앞선 조사의 격차는 근소하고 뒤지는 조사의 격차는 상대적으로 더 크게 나타나자 분위기가 냉랭해졌다. 긴장이 고조되고 초조한 기색이 역력했다. 2개의 출구조사 중에서 하나가 맞는다면, 내가 이길 경우에 근소한 차이로 이기고 질 경우는 제법 차이가 날 수 있는 상황이었다.

실제로 개표가 시작되자 근소한 차이의 접전이 지속되면서 말 그대로 피를 말리는 밤이 되었다.

하지만 자정이 가까워지자 윤곽이 드러나기 시작했고, 어느 정도 선거 결과에 대한 확신이 생겼다. 새벽까지 개표가 진행되면서 당선이 확정됐다. 나는 힘겨운 선거를 마치며 송림동 소년 유세비오가 이제 인천의 미래를 책임지는 시장이 되어 고향에 돌아왔다는 감회에 젖었다.

나의 정치역정에서 2004년 총선과 2014년 지방선거는 1995년 김포군수 선거로부터 시작된 정치가 지역을 넘어 수도권을 넘어 대한민국으로 나아가는 고비이자 전환점이었다.

## 생명 평화 안보의 파수꾼

나는 1995년 6월 전국동시지방선거에서 김포군민들의 열화와 같은 지지 속에 민선 1기 김포군수가 되어 군정에 최선을 다해 나갔다.

김포는 한강과 임진강이 합류하는 조강을 사이에 두고 북한과 마주하고 있는 접적지역이다.

나는 강원도 최전방 백두산부대에서 소대장을 역임한 장교 출신으로서 김포지역을 책임지고 있는 해병 제2사단에 대해서도 남다른 관심과 애정을 쏟았다.

나는 1996년 12월 20일 연말을 맞아 조국수호에 여념이 없는 장병들을 격려하고자 보구곶리에 있는 부대를 방문했다.

위문품을 전달하고 장병들과 대화를 나누는데 그들로부터 철책선 너머 비무장지대(DMZ) 조강에 있는 유도(留島)라는 작은 섬에 홍수 때 북녘에서 떠내려온 황소가 산다는 말을 들었다. 처음에는 두 마리였는데, 한 마리는 보이지 않고 남은 한 마리도 다리가 불편하다는 것이었다. 나중에 알고 보니 그 황소는 발목지뢰로 인해 부상을 당해 왼쪽 앞다리의 발굽 부위가 썩고 있었다.

당시 상황에서 어떤 병사도 삼엄한 군사분계선을 뚫고 황소에게 먹이를 주거나 데리고 나올 엄두를 낼 수 없었다. 누군가 나서지 않으면 황소는 죽을 것이 뻔했다.

군 위문을 마치고 집으로 돌아와서도 황소가 뇌리에서 맴돌았다. 죽을 운명에 처한 소를 살리는 것이 나의 소명이었을까? 이리저리 뒤척이며 밤새 고민한 끝에 다음날 간부회의를 열어 황소를 구제할 방안을 논의했지만 뾰족한 수가 없었다.

하지만 예로부터 소는 농경사회에서 가장 귀하게 여긴 가축으로 우리 조상들의 소중한 가족이자 재산이었고, 공교롭게도 곧 다가오는 새해가 정축년(丁丑年, 소띠해)이어서 그 소를 살릴 수 있다면 뜻깊은 일이 되겠다는 생각이 들었다. 그런 생각을 할수록 황소를 구하는 것이 내게 주어진 어떤 사명처럼 다가왔다.

마침 내가 채홍기 SBS 기자를 만나는 계기가 생겨 이러한 사실을 알리고 고민을 털어놓았더니 1997년 1월 1일 SBS 뉴스에서 유도의 황소를 톱 뉴스로 보도함으로써 모든 언론에서 이를 다루며 보도가 크게 확산 됐다. 세상의 관심은 나로 하여금 좀더 구체적인 행동에 나서게 했다.

나는 열기구 등을 통해 황소에게 사료를 공급하는 방안 등을 구상하면서 1월 8일에 통일원을 비롯해 국방부와 안기부(국정원의 전

신) 및 유엔사에 공문을 보내 남에서 식수와 사료를 보내주는 대신에 북에서 암소를 보내 가족을 이루게 하는 방안을 제안했다.

당시 나는 남북이 협력하면 임진강(조강)의 유도를 한우의 자연번식장으로 만들 수 있겠다는 꿈을 품고 있었다. 내친김에 황해남도 개풍군의 책임자를 만나야 하겠다는 생각으로 통일부에 접촉승인을 신청하기에 이르렀다.

나의 이러한 구체적 조치들은 중앙정부와 경기도를 움직이게 했고, 마침내 정부는 1월 14일에 관계부처 장관회의를 열어 대책을 논의했다. 다만 정부는 남북협의와 사료공급 등의 난점을 들어 황소를 우리쪽 육지로 데려온다는 방침을 정했다.

이에 따라 1월 16일에 유엔사는 판문점의 군사정전위원회 직통전화로 선박 4척과 인원 24명을 보내 유도의 황소를 구출할 것을 북측에 통지했고, 다음 날 오전에 황소 구출작전이 이뤄졌다.

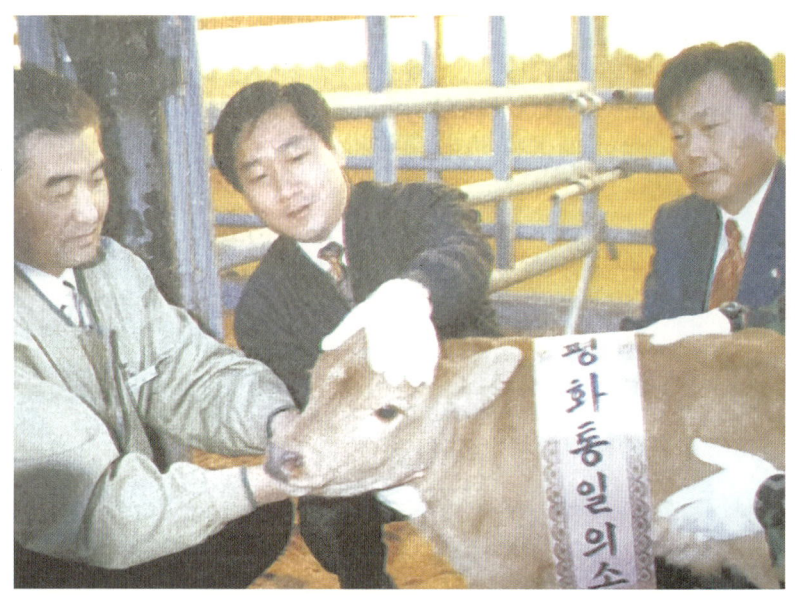

　정오에 출발한 청룡부대 대원들과 군수의관이 황소를 마취시켜 복귀했고, 오후 3시경에 나는 황소를 인계해서 '평화의 소'라는 띠를 둘러주는 명명식을 가졌다. 그 후 북제주군에서 '통일의 소'를 보내왔고 '평화의 소'와 '통일의 소' 사이에서 첫 송아지가 탄생했을때 '평화 통일의 소'로 명명하여 소중하게 키워주기도 하였다.

　이듬해인 1998년 6월에 정주영 현대그룹 명예회장이 소 500마리를 트럭에 싣고 방북했다. 두 차례에 걸쳐 소 1,001마리가 북에 전달되었는데, 프랑스의 보수성향 철학자인 기 소르망(Guy Sorman)은 이를 20세기 최후의 전위예술이라고 평가했다.

　유도의 황소를 구출한 이후 소떼방북이 이뤄진 것은 우연의 일치만은 아니라는 생각이 든다. 기 소르망의 표현을 빌리면 20세기 최

강화도 소음 피해 주민 간담회, 2024.9.18

후의 전위예술의 예고편이었던 셈이다.

돌이켜 보건대 황소구출작전은 동물보호나 존중의 정신이 희미하던 시기에, 나로 하여금 비록 일개 동물의 생명일지라도 고귀한 존재라는 것을 세계에 알려 대한민국의 동물사랑을 인식시키는 계기가 되었고 국민들에게 남북 화해와 평화에 대한 소중함을 일깨우는 기회가 되었다.

그 이후 세 번의 정상회담에도 불구하고 북핵문제를 포함한 북한 김정은 정권의 단절과 폭정으로 오늘날 남북관계가 극도로 악화됐지만, 당시에 국민들은 황소를 구하려는 순수한 감정으로 한마음이 되었던 것 같다. 또한 접경지대에서도 김포, 강화, 옹진, 서해 5도 등 서부지역은 중부산악지대와 동부 해안지역에 비해 군사적으로 훨씬 민감하다는 점에서 남과 북의 협력에 대한 나의 호소는 지역의 평화와 안보에 대한 절실함이 담겨 있었다.

최근에는 대북전단을 둘러싼 갈등이 남북의 확성기 대결로 비화돼 강화도의 송해면 등 접경지 주민들이 북쪽에서 들려오는 쇠 긁는 소리 등 기괴한 소음으로 고통스러운 일상을 보내고 있다.

2024년 7월부터 시작된 대남방송으로 방문객들이 줄어 숙박업과 관광사업도 타격을 입고 부동산 거래도 끊겨 경제적 피해로 이어지고 있는 실정이다.

또한 대남 소음이 주로 새벽에 집중되기 때문에 양사초, 심도중, 교동중·고교의 학생들이 수면 방해를 겪고 수업 시간에 조는 모습이 많이 증가했다는 소식도 있다.

나는 2024년 9월 18일 송해면 당산리를 방문하여 주민들의 애로와 호소를 경청했다.

인천의 접경지대는 남북관계가 악화되면 직접적으로 영향을 받는다는 점에서 평화와 안정의 요구가 그 어느 지역보다 높을 수밖에

UN본부

없다. 하루 이틀도 아니고 밤마다 잠을 자기 힘들 정도라고 하는데, 한 두 명도 아니고 주민들을 집단이주시키는 방안도 비현실적이다. 방음시설을 설치해 드리기는 했지만 얼마나 효과적일지 걱정이 된다.

그동안 주로 강화도, 김포, 파주에서 대북전단 살포가 이뤄졌다는 점을 고려하면, 이들 지역의 소음피해는 국가적 차원에서 풀어 나가야 할 과제다. 일단은 상호주의를 통해 쌍방의 자제를 유도하는 수밖에 없다. 대북 정책기조의 일관성도 중요하지만, 잠은 자야 하지 않는가?

인천은 동북아를 넘어 아시아의 허브로 발돋움하는 가운데 언제나 남북관계에 민감하다는 점에서 그 어느 지역보다 평화의 요구가 지대하다. 이러한 양면성을 고려하여 서해 5도를 포함한 접적지역의 철통같은 안보태세를 확립하고 장기적으로 인천을 역내 평화의 상징으로 탈바꿈시켜나가는 것은 내게 주어진 평화의 사명이자 미래세대를 위한 책무라고 생각한다.

UN은 1945년 10월 24일에 창설되었는데, 불과 5년도 되지 않은 시점에 발발한 한국전쟁에서 지대한 역할을 하게 된다. UN 회원국 60개국이 파병(16개국), 의료지원(6개국), 물자지원(38개국) 등으로 한국을 소생시키는 역할을 했다. 또한 미국을 비롯한 주요국의 병사들이 4만명 이상 전사했고, 실종자도 8천여명에 달했다.

한국전쟁 이후 한국은 UN 회원국이 아니었지만 UN 창립일을 중요한 국가기념일로 제정하여 내가 고등학교를 다닐 때까지 지속되던 중에 1975년 북측이 UN 산하 국제기구에 속속 가입하자 UN 기념일을 폐지했다. 1991년에 남북의 UN 동시 가입이 이뤄진 이후로는 UN을 기념하는 것이 다소 진부한 발상으로 여겨지는 경향이 나타났다. 최근에는 트럼프 미 행정부가 미국의 독자적 행동반경을 확대하는 가운데 UN과 WHO 등 산하 국제기구의 역할이 위축될 것이란 우려도 있다.

하지만 코로나 팬데믹에서 절감했듯이 세계의 안전과 평화에 UN과 같은 국제기구의 존립은 매우 중요하다. 세계 보건문제를 비롯해 기후변화와 에너지 문제 등 지구 차원의 대응이 필요한 전환기에

UN의 역할이 더욱 활성화되어야 한다는 국제적 요구도 있다.

이런 면에서 UN 창립 이후 형성된 세계질서 속에서 압축성장을 이룬 한국이 세계평화와 국제협력을 위해 보답하는 것은 영예로운 일이다. UN군의 인천상륙작전으로 맺어진 인천과 UN의 인연은 이제 새로운 미래를 그려나갈 시점이다. 한국전쟁에서 인천상륙작전으로 전세의 반전이 일어난 것을 거울 삼아 인천이 남북관계의 리스크에 취약한 지역이 아니라 한반도와 동북아의 평화, 나아가서 세계의 평화에 기여하는 지역으로 재탄생하는 원대한 미래구상이 필요하다.

이제는 대한민국이 인천의 평화를 지켜주는데 머무르는 단계를 넘어서야 한다. 인천이 조국의 평화와 동북아의 안정에 앞장서 기여하겠다는 역발상이 필요하다.

인천 송도 전경

지리적으로 중국, 북한과 마주하면서도 세계 최고수준의 국제공항이 자리잡은 인천은 숙명적으로 평화의 철옹성으로 거듭나야 한다. 인천은 유럽연합(EU)의 집행부가 있는 벨기에의 브뤼셀과 지정학적으로 비슷하기 때문에 장기적으로 동북아 혹은 아시아 평화협력기구가 자리잡을 수 있는 잠재력이 있다.

또한 UN 기구와 기타 국제기구들이 입주할 수도 있다. 만약 아시아에서도 북대서양조약기구(NATO)와 같이 동아시아 혹은 인도태평양 차원의 조약기구(TO)가 추진된다면, 기구의 본부가 자리잡을 지정학적 상징성과 항공 편의성이 두드러진다. 이러한 구상들은 21세기에 대한민국의 국제적 위상이 높아진 것과 맞물려 현실성이 높아졌다.

잠재적인 경쟁도시들을 살펴봐도 무리한 발상이 아니라는 것을 알 수 있다. 과거에는 홍콩이나 싱가폴 등이 국제기구들이 자리잡을 곳으로 선호되는 경향이 있었지만, 탈(脫)홍콩 추세와 남방으로 치우친 싱가폴의 지리적 편중으로 그러한 경향이 퇴조했다.

오랜 전쟁을 치렀던 유럽에서 평화협력을 관장하는 국제기구들이 런던이나 파리처럼 강대국의 수도가 아니라 스위스, 오스트리아의 여러 도시에 집중된 것처럼 중국의 베이징이나 일본의 도쿄는 아시아의 평화도시 후보지로는 부적합하다. 그렇다고 해서 동남아의 방콕, 마닐라, 하노이 등이나 서남아 및 중동에서 평화거점을 물색하기에는 지정학적 비중이나 국제적 무게감이 떨어진다. 벨기에 브뤼셀, 프랑스의 스트라스부르, 스위스 제네바, 오스트리아 빈 등은 모두 지정학적 완충지대에 위치한다. 이런 점들을 고려하여 인천이 앞으로 여건을 잘 조성해나가면 아시아의 평화와 협력의 허브로 발전할 수 있다.

UN본부는 미주대륙(뉴욕 제1본부), 유럽대륙(제네바 제2본부, 빈 제3본부), 아프리카대륙(나이로비 제4본부)에 걸쳐 설치되었지만, 정작 가장 큰 유라시아에는 하나도 없다. 이런 점에서도 대한민국의 인천이 제5의 UN본부를 유치할 수 있는 잠재적 가능성이 충분하다.

다양한 분야의 국제기구가 주로 스위스와 오스트리아에 집중된 것은 서구 중심 근현대사의 산물이기도 하다. 모든 면에서 급성장하고 팽창하는 인도태평양의 시대에 즈음하여 대한민국의 국제적 위상과 책임이 높아지는 시기에 인천국제공항을 품은 인천이야말로 국제협력의 허브로 도약할 수 있는 잠재력이 크다.

평생에 걸쳐 자치단체장과 국회의원을 지낸 김포와 인천에 대한민국을 대표하는 두 개의 국제공항이 있는 것은 우연의 일치일까?

김포 유도의 황소에서 시작된 평화의 사명은 이제 대한민국과 동아시아의 관문으로 탈바꿈한 인천의 새로운 미래를 여는 생명과 평화와 안보의 또 다른 책무가 되었다.

# 다시 정복한 민선 8기 인천광역시장

"쉼 없이 달려온 지난 4년이었습니다. 후회는 없습니다.

인천발전을 위해 사심 없이 일해왔기 때문입니다.

그러나 인천의 도약과 시민행복을 위해 더 일해달라는 기대에 부응하지 못해 죄송합니다. 부족함이 있다면 저에게 있을 것입니다.

진실이 승리하지 못한 아쉬움도 저의 부족함 탓으로 겸허히 받아

퇴임식 후 사진

드리겠습니다.

그 어떠한 상황 탓도 하지 않겠습니다.

저의 진심을 이해하시고 함께 해주셨던 모든분들께 마음으로부터 존경과 감사의 인사를 드립니다."

-모든 것은 제 탓입니다 〈2018. 6. 14〉-

위의 글은 지난 2018년 4월 13일 실시된 민선 7기 인천시장 선거에서 낙선한 후, 인천시민께 전한 인사말이다.

어떤 선거든 승자와 패자는 갈리게 되어있고, 승자는 환호와 갈채를 받는데 비해 패자는 실망과 서운함 속에 무대를 떠나게 된다. 선거 후에 당선자는 모두 자신이 잘나고 똑똑해서 승리한 것으로 생각하고 패자는 낙마의 원인을 수십 가지 주변 상황 때문으로 생각한다는 게 속설이다.

물론 선거는 바람이라고도 하고 인물이라고도 하지만 유권자의 선택을 받지 못한 것은 그 누구의 책임도 아닌 출마자 자신의 책임이다. 정치인으로서 주어진 정치상황이 자신에게 불리한 상태일지라도 그 현실이 자신이 속한 정치집단의 잘잘못에 의한 것인만큼 모든 것이 후보자의 책임이라는 것이 나의 소신이다.

내가 안행부장관을 하다가 정치 상황의 부름에 의해 민선6기 인천시장에 출마하여 당선되고 보니, 인천시는 총부채가 13조 2천억 원으로, 하루에 이자만 12억 원, 1년에 4천5백억 원의 이자를 내야 하는 상황이었다.

시 본청 채무 비율이 2015년 1/4분기 기준 39.9%로 재정위기 지정 기준인 40%에 달해 행정안전부로부터 재정위기 주의 단체로 지정되어 있었다.

나는 이러한 인천시의 재정상황을 2017년 말 기준으로 21.9%까지 떨어뜨려 정상화 했는데 이때까지 3조7천억 원이라는 부채를 갚았다. 이는 지금 생각해도 기적이랄 정도의 금액이다.

그럼에도 불구하고 나는 선거에서 낙마했다.

혹자는 '이부망천' 때문이라느니 중앙당의 잘못이라느니 각양각색의 패배 원인을 들먹였지만 나는 다 내 부족함 때문이라 생각하며 후일을 기약했다.

삶의 여정에는 희로애락(喜怒哀樂)과 실패와 성공, 도전과 좌절이 있게 마련이고 이때 어떻게 자신을 단련하고 극복하기 위해 노력하는가에 따라 인생이 변화하는 것이다.

정치인의 삶은 자신을 바쳐 국가와 국민(자치단체와 주민)을 섬기는 헌신의 길이다. 나는 이 길을 선택했고 기꺼이 숙명으로 받아들이고 있다. 하지만 정치는 아무나 하고 싶다고 할 수 있는 게 아니라 유

권자로부터 선택을 받아야만 일을 할 수 있다.

나는 시민으로부터 선택받지 못한 후 평범한 시민으로 돌아와 그동안 시정에 집중하느라 나를 돌아보고 재충전할 기회가 없었음을 인식하고 더 나은 미래를 위해 공부하는 시간을 갖기로 했다.

"시장직을 떠난 이후 그동안 공직자로서 살아오느라 할 수 없었던 경험과 만남을 통해 많은 것을 배우면서 의미 있는 시간을 보내고 있습니다.

이제 더 넓은 시야로 세상을 공부하려고 합니다.

미국 George Washington 대학의 초청을 받아 Visiting Scholar로 당분간 미국 생활을 하게 되었습니다.

미국의 수도 워싱턴 DC에서의 공부와 경험으로 좀더 성숙해질 수 있도록 하겠습니다.

늘 관심과 사랑을 보내주시고 계신 존경하고 사랑하는 모든 분들께 저의 진심을 담아 감사와 함께 잊지 않겠다는 말씀을 전해 드리며 항상 건강하시고 행복하시기를 기원합니다."

-미국 조지 워싱턴 대학 연수를 떠나며 〈2018. 10. 29〉-

자연인 유정복으로서의 워싱턴 생활은 그동안 가져보지 못했던 자유의 시간이었고 온전히 나를 성찰하며 세상을 관조할 수 있는 시간이었다. 정치, 사회, 문화 등에 대한 배움만이 아니라 전 세계에 대한 어떤 흐름을 깨달을 수 있었고 특히 세계 속에서 한국이 처한 상황과 미래를 위해 어떠한 방향으로 나가야 할 것인가에 대한 생각을 정리할 수 있었다.

이런 생활 속에서도 매일매일 들려오는 조국의 소식과 외신을 통해 접하는 한국의 뉴스는 정치인 유정복의 가슴에 불이 일게 했고 이대로 있어서는 안 된다는 사명감을 불러일으켰다.

숲에 들어가면 나무와 풀만 보이고 자신의 위치조차 가늠할 수

없다. 숲을 빠져나와 멀리서 보거나 산등성에 올라 내려다보아야 비로소 전체 지세와 숲이 보이듯, 멀리 떨어진 이국에서 한국을 바라보니 그 실상이 적나라하게 보였고 정치인으로서 내가 해야 할 일이 무엇인지 그 방법까지 구상이 되었다.

나는 조지 워싱턴 대학의 연수 기간이 11월까지였지만 날로 더해가는 문재인 정권의 폭정에 맞서기 위해 조기 귀국을 결심하고 9개월 만에 귀국했다.

내가 인천공항에 도착하자 많은 시민이 현수막을 펼치고 유정복을 연호하며 환영해 주었다.

가슴이 뭉클했다. 유정복을 잊지 않았다는 것만으로도 감사한데 그분들의 표정엔 마치 함께 싸우겠다는 각오가 배어있는 듯 보였다.

나는 귀국 후 국내 상황을 직접 체득하기 위해 정치인을 포함한

수많은 지인과 시민들을 만나 그들의 생각과 말을 들었다. 또한 인천을 포함해 수도권과 충청 호남 영남 강원도 등 전국을 돌며 국민들의 삶의 현장을 확인했다.

나는 40여일 간의 국내 활동을 하며 정치인 유정복이 해야 할 일을 찾았다. 그건 국민과 함께 행동하며 문재인 정권의 폭정과 허구를 시민께 알리고 투쟁하는 것이었다. 그 실천 방법으로 시국 강연을 열어 문재인 정권의 무능과 부패, 부실과 부정에 대해 폭로하고 국가안보와 자유민주주의 수호를 위해 국민과 함께 투쟁의 선봉에 서기로 했다.

"오늘 시국 강연회에서 또 한 번 가슴 뭉클함을 느꼈습니다.

이렇게 많은 분이 오실 줄은 몰랐습니다. 언론에서 1,000~1,500명으로 보도된 것을 보았습니다만, 주차 등으로 한 시간이나 걸려 그냥 돌아가셨다는 분들 말씀을 듣고는 죄송하기까지 했습니다.

그러나 숫자보다는 정말 나라를 걱정하는 많은 시민들께서 위기의 대한민국을 구해주기를 바란다는 소망과 그 절박함을 느끼면서 저의 비장한 각오를 되새기게 해주셨고 더욱 무거운 책임감을 느꼈습니다.

앞으로 애국 시민들과 함께 제가 할 수 있는 모든 역량을 다해 국민들의 기대에 부응하겠습니다.

오늘 함께 해주신 분들과 비록 참석하지 못하셨지만 한결같은 마음으로 응원해 주신 모든 애국 시민들께 진심으로 감사드립니다."

- 로얄호텔에서 시국 강연을 마치고 〈2019. 9. 25〉 -

윗글은 시국 강연을 마치고 참석해 주신 시민들께 올린 인사말이다.

이날의 강연을 기점으로 나는 광화문 광장 시위 참여를 비롯해 크고 작은 모임과 집회에서 대한민국의 현재와 미래를 위한 투쟁에 합류하며 정치 행보를 다져나갔다.

문재인 정권의 부당함을 알리고 자유민주주의 수호를 위한 다방면에서의 투쟁을 전개하는 가운데 2020년이 밝았다.

새해에 대한 희망도 잠시, 중국 우한에서 발생한 '코로나19'로 인해 세상이 두려움에 쌓이기 시작하더니 1월 20일 국내에서 첫 환자가 발생하고 이후 하루가 다르게 확산 속도가 빨라졌다.

문재인 정부는 우왕좌왕하며 국민을 불안과 혼란에 휩싸이게 했고 국민들은 급기야 최소한의 예방대책인 마스크를 구하기 위해 추운 거리에서 긴 줄을 서야하는 진풍경이 벌어졌다.

3월에 들어서자 WHO가 코로나19에 대해 '팬데믹'(pandemic) 즉 세계적 대유행을 선언하기에 이르렀다.

'팬데믹' 선언은 2009년 신종 인플루엔자 대유행 이후 11년 만의 일로 그만큼 세계적 재앙이 될 것임을 시사했다.

그야말로 전 세계가 코로나19의 폭풍 앞에 속절없이 공포와 두려움의 도가니에 갇혔고 가족이 사망해도 초상을 치르거나 조문을 할 수 없는 전대미문의 일들이 일상화되어갔다. 해외 여행은 물론 이웃

남북 연락 사무소 폭파 모습

간의 왕래나 교류도 끊기면서 경제가 추락하고 실업자가 양산되고 식당이 문을 닫고 학교가 휴교하는 등등 온 국민이 긴 어둠의 골목으로 접어들었다.

이러한 시국 상황 속에서도 정치시계는 돌고돌아 제21대 국회의원 선거를 치르게 되었다.

나는 문재인 정권 타도와 자유민주주의 수호를 외치며 미래통합당 인천남동구갑 국회의원 후보로 출마했지만 낙선했다. 전국적으로 더불어민주당 163석 미래통합당 84석이라는 참패를 가져왔다.

민선 7기 시장에 이어 국회의원 선거까지 연이어 낙선했지만 나는 낙담하지 않고 다시 일어서는 계기로 삼았다.

특히 2022년 3월 9일에 치러질 대통령 선거에서 문재인 정권을 이기고 되찾아와야 한다는 신념으로 정치활동을 이어갔다.

2021년의 국내 정세는 혼돈 그 자체였다.

조국 사태와 2020년 6월 16일 자행된 북한의 남북공동연락사무소 폭파에 이은 노골적 핵 위협 등으로 국민들은 국가안보에 대한 불안과 문재인 정권의 불법부당한 정치에 대한 분노 그리고 이어지는 코로나19 상황 속에서의 경기 침체 등으로 고통의 날을 인내해야 했다.

2021년 가을이 되자 대선에 불이 붙기 시작했고 내가 속한 국민

의힘 대선주자들로부터 선대위 참여 부탁이 줄을 이었다.

나는 숙고 끝에 윤석열 후보를 선택하고 10월 24일 '윤석열 공동선대위원장'을 수락했다.

이후 윤석열 후보의 당내 경선 승리를 위해 사방으로 뛰었고 그 결과 홍준표, 유승민, 원희룡 후보를 누르고 윤석열이 국민의힘 대선후보로 선출되는데 일익을 담당했다.

그 결과 익히 아는 바와 마찬가지로 2022년 치러진 대통령 선거에서 윤석열 후보가 이재명 후보를 0.8% 차로 누르고 당선되어 정권교체의 목표를 달성했다.

이 과정에서 나는 만나는 당원 동지들과 시민들 및 주요 인사들로부터 민선 8기 인천시장에 재도전하여 잘못 흘러가고 있는 인천시를 바로잡아 달라는 주문을 수없이 접해야 했다.

인천을 부채 도시에서 탈출시키고 초일류 도시로 거듭나게 했던 내 진정성을 시간이 지나면서 점점 더 확실히 알게 되었다는 것이었다.

또한 내가 야심차게 추진했던 인천발 KTX와 수도권매립지 문제 해결, 경인고속도로 일반화, 원도심 부흥, 보물섬 프로젝트 등등. 제대로 추진되는 것이 없다며 다시 인천시장에 당선되어 민선 6기에서 펼쳤던 인천의 꿈을 실현해달라는 주문이었다.

2022년에 접어들면서 나는 정권교체를 위한 대통령 선거에 주력하며 한편으로는 민선 8기 인천시장 출마를 결심했다.

계속되는 코로나19 팬데믹 하에서 사람들과 악수도 할 수 없었고 마스크를 벗을 수 없어 불편할 뿐 아니라 사람이 사람을 피하는 형국이라서 시민 접촉이 여의치 않았다.

3월 9일 대통령 선거가 끝나자 본격적으로 지방선거의 분위기가 달아올랐다.

국민의힘 인천시장 후보로 유정복, 안상수, 이학재 3인의 경선이 확정됐다. 대통령을 배출한 집권당의 후보인 만큼 치열한 경쟁이 펼쳐졌다.

나는 민선 6기 전직 시장으로서 부정, 부패, 부실의 더불어민주당 박남춘 후보를 꺾고 세계 중심도시, 초일류 도시. 시민 행복 도시로 인천을 만들 정직하고 깨끗하고 능력 있는 후보임을 강조했다.

TV토론에서 안상수 후보와 이학재 후보는 마치 연합이나 한 듯 나를 상대로 공격을 했으나 2022년 4월 22일 치러진 국민의힘 인천시장 후보 경선 결과, 두 후보의 득표를 합친 것보다 많은 50.32%의 지지표를 획득해 국민의힘 인천시장 후보로 확정됐다.

추운 겨울보다 완연한 봄기운이 넘쳐나는 시기인 만큼 한결 선거운동이 수월했다. 무엇보다 시민들의 반응이 달랐다. 피어 있는 꽃과 5월의 상큼한 바람처럼 시민의 몸짓과 말투와 눈빛이 고왔다. 직감적으로 지난 두 번의 선거와는 전혀 다른 민심을 감지할 수 있었다.

그러나 선거라는 것이 여러 변수에 의해 하루아침에 민심이 이반할 수 있고 말 한마디 표정 하나에 따라 요동치는 것이기에 새벽부터 밤늦게까지 죽기를 각오하고 시민 곁으로 다가갔다.

이와 함께 민선 6기 때의 시정을 바탕으로 박남춘 시정부의 실책을 지적하고 지속 가능한 인천시 발전 시책과 시민 복지 정책을 수립했다. 전직 시장으로서 내 머릿속에는 추진해야할 시책이 가득했고 당선 후 펼칠 구체적 방법까지 수립되고 있었다.

6월 1일이 가까워질수록 선거 열기도 높아갔다. 연일 언론에서는 여론 조사 결과가 발표되었고 선거캠프에서는 그 결과에 일희일비(一喜一悲)하며 선거운동에 매진했다.

그런데 공교롭게도 박남춘 후보의 선거사무실이 석바위 사거리 길 하나를 사이에 두고 우리 캠프 100m 정도 거리에 있는 신축 빌딩에 차려졌다.

깨끗하고 번뜩이는 고층 빌딩에 차려진 박남춘 캠프에서는 낡고 허름한 3층짜리 오래된 건물에 꾸며진 우리의 선거캠프가 한눈에 내려다보였기에 늘 감시당하는 기분까지 들었다.

이러한 모습을 본 한 지지자는 마치 박남춘 선거캠프가 대형 신형 고급 외제 승용차라면 우리의 캠프는 오래된 연식의 국산 소형차 같다는 말로 비유하기도 했다. 이때 우리 운동원들은 박남춘의 외형적 거대 선거 사무실 모습에 위축되지 않고 도리어 "사람이 명품이어야지 차가 명품이면 뭐하냐"며 승리에 대한 각오를 다졌다.

나는 지금도 그 당시 선거캠프에서 고생한 동지들의 노고를 잊지 않고 있다. 5월 중순이 지나면서 한여름 같은 더위에 에어컨이 없는 사무실에서 선풍기 바람에 구슬땀을 식히던 모습과 그런 가운데서도 선거 현장으로 달려가며 승리를 외치던 모습이 눈에 선하다. 그때의 동지들께 다시 한번 감사를 표한다.

익히 아는 바와 같이 당시 지방선거에서는 송영길이 빠져나간 인천 계양구을 선거구에 이재명 더불어민주당 상임고문이 출마하고 국민의힘 원희룡 후보가 출마했다.

인천시장을 뽑는 선거가 마치 국회의원 후보 이재명과 인천시장 후보 유정복의 대결처럼 회자되는 경향을 보이기도 했다.

나는 이재명의 국회의원 출마에도 인천의 일개 지역구 선거라는 생각을 갖고 인천시 전체 여론 흐름에 반응하며 인천시장 후보로서의 공약과 비전을 밝혀 나갔다.

드디어 6월 1일이 밝았고 온종일 선거가 치러진 후 개표가 시작됐다.

개표 결과 나는 더불어민주당 박남춘 후보를 7.21% 차이로 누르고 민선 8기 인천광역시장에 재선되었다.

2018년 인천시장 낙선, 2020년 국회의원 낙선의 2연패를 극복하고 4년 만에 인천광역시청 복귀에 성공하며 오직 인천, 오직 시민을 위한 '인천의 꿈 대한민국의 미래'를 향해 원대한 걸음을 다시 내딛게 되었다.

2022년 7월 1일 나는 다시 인천시민을 섬기는 민선 8기 인천광역시장으로 취임했다.

# 민선 8기 인천 광역시 시장 취임식

# 부록

- 대한민국을 위한 격정토로(인터뷰 모음) / 178
- 사진과 함께 보는 발자취 / 272

## 대한민국을 위한 격정토로 〈인터뷰 모음〉

2024년 12.3일 비상계엄 선포와 2시간 반만에 국회의 해제 결의가 있은 뒤 정국은 혼돈 속으로 빠져들었다. 절대다수 야당이 지배하는 국회에서 헌정사상 세 번째 대통령에 대한 탄핵소추안이 가결됐고 한달 여 뒤 헌정사상 처음으로 현직 대통령이 구속수감되는 일이 발생했다. 국론은 분열됐고 갈등은 격화됐다. 그래도 대한민국이 멈출 수는 없다. 우리는 미래로 가야한다. 혼란한 정국을 수습하고 아픈 국민의 마음을 어루만져줄 정치가 필요하다. 유정복 인천광역시장은 대한민국시도지사협의장으로서 지방자치 30주년을 맞이한 2025년을 맞이하여 그 어느 때보다 많은 언론과 집중적이고 심층적인 인터뷰를 했다. 87년 헌법 체제의 한계와 바람직한 개헌의 방향, 바람직한 정치는 무엇인지, 대한민국은 어디로 가야하는지 국민들과 공유하는 기회였다. 주요 언론과의 인터뷰 내용을 가감없이 전문 전재한다.

(주) 방송인터뷰의 경우 텍스트와 실제 방송 내용이 차이가 있을 수 있으니 보다 정확한 내용은 방송을 참조하길 바랍니다.

### 김윤덕이 만난 사람 〈조선일보 2025. 2. 17〉

'청년과 미래'에 투자해 적중… 위기의 나라 '난폭 운전자'에게 맡겨선 안 돼

인천, 부산 제치고 '제2 경제도시'로… '지방분권개헌' 주도하는 유정복 시장

'서인부대'라는 말은 유정복의 인천시장 초임 때 생겼다. 도시 경쟁력 순위가 '서울-인천-부산-대구' 순이란 뜻이다. 박남춘 시장 때 3위로 밀렸지만, 유정복이 재선되면서 다시 2위로 올라섰다. 최근 통계청에 따르면 2023년 인천의 지역내총생산(GRDP)은 117조원으로, 6년 만에 부산(114조원)을 추월했다. 실질경제성장률(4.8%)은 전국 1위다.

기세를 몰아 '지방분권 개헌'을 들고 나왔다. 내전을 부추기는 패거리 정치를 끝내야 한다며 '정치중대재해처벌법' 제정도 촉구한다. 주식으로 치면 '저평가 잠룡주'에 속하는 유정복이 큰 그림을 그리기 시작했다는 말들이 나온다.

―대선을 준비하나?

"대통령 탄핵 심판이 진행되는 상황에서 조기 대선을 논하는 건 적절치 않다."

―지방분권 개헌은 조기 대선을 전제한 것 아닌가?

"대한민국 시도지사협의회장으로서 한 말이다. 계엄·탄핵 사태로

인한 오늘의 국정 혼란은 중앙 집중의 특권 문화와 서열화에 뿌리를 두고 있다."

―지방분권이 작동하지 않은 탓에 오늘의 위기가 왔다는 건가?

"산업화시대 고도성장 수단으로 강력한 집행력을 발휘해 온 중앙 집권적 정치는 수명을 다했다. 중앙정부, 중앙당 중심의 정치가 극단적 진영 정치의 온상으로 작용하면서 무지성·무비판적 정치 문화를 낳았다. 제왕적 대통령, 제왕적 당대표 앞에 줄 서는 패거리 위선 정치가 내전을 부추기고 있다."

―기재부·행안부·교육부를 해체 수준으로 혁신하라고 했던데.

"지방자치를 시행한 지 30년이지만 지자체는 현재 다섯 살 수준의 어린아이다. 특히 재정적 측면에서 지자체의 가용 재원은 5~10%에 불과하다. 90~95%는 중앙정부, 상급 단체와의 매칭 보조금이 차지한다. 기재부는 각종 보조금과 교부세를 통해 지방정부를 지배하고, 행안부는 인사권을 갖고 통제한다. 인천시만 해도 행정부시장, 기획조정실장을 정부가 임명한다. 중앙과 지방의 상하관계는 국가경쟁력을 떨어뜨릴 뿐이다."

―개헌안을 구체화하고 있다던데.

"재정 분권이 핵심이다. 미국이나 일본은 국가와 지방의 세입 구조가 6대4인데, 우리는 8대2로 지방 재정권이 취약하다. 자치 재정권, 자치 입법권을 구축하기 위한 조항들이 포함될 것이다."

개헌 반대하는 사람이 민주주의 敵

―정치중대재해처벌법은 뭔가?

"우리나라 권력 기관은 스스로 법을 지키지 않는다. 헌법에 예산안은 회계연도 개시 30일 전에 심의·의결해야 한다고 돼 있지만, 제때에 예산이 통과되는 걸 본 일이 없다. 선거법 위반의 경우 6·3·3 원칙에 따라 재판하도록 규정돼 있으나 사법부는 지키지 않는다. 그러면서 국민에게 법을 강요하고 민주주의와 법치를 얘기할 수 있나?"

―국민소환제 같은 것인가?

"산업 현장에 적용하는 중대재해처벌법처럼, 국민 삶에 피해를 주는 헌법 기관의 책임자를 처벌하는 것이다. 현재 무소불위 권력을 휘두르고 있는 국회와 절차법·증거법을 지키지 않는 헌법재판소를 향한 국민의 불신을 없애기 위해서라도 반드시 제정해야 한다."

―대통령 탄핵엔 찬성하는 입장 아니었나?

"어떤 경우에도 헌정이 중단되거나 국가가 불행해지는 사태가 있어서는 안 된다는 게 기본 입장이다. 임기 단축, 책임 내각 구성 등 대통령의 책임 있는 조치로 탄핵만은 피할 수 있기를 바랐다."

―국회의 폭주를 막기 위해 중·대선거구제와 양원제를 도입해야 한다고 주장했다.

"현재의 선거구제는 승자 독식의 일방적 결과만 나온다. 22대 총선에서도 1당과 2당의 득표율 차이가 5.4%포인트밖에 나지 않았지만 1당이 절대 의석을 가지고 권력을 휘두르고 있다. 한 선거구에서 2인 이상을 선출하는 중·대선거구제가 되면 영호남이 어느 한쪽 정당으로 쏠리는 것도 막을 수 있다."

―양원제는 생소하다.

"국회가 발의하는 법안을 제어·통제·조정하는 기능이 절실하다. 일본·영국 등 입헌군주제 국가에서는 왕실이 그 역할을 하고, 미국은 상·하원으로 구분된 양원제가 그 기능을 한다. 우리는 50여 광역 단위에서 상원 의원을 선출해 의회 권력 남용을 견제할 수 있게 해야 한다."

―이재명 대표와 민주당은 개헌보다 내란 극복이 우선이라는데.

"그 당에서 '특검을 반대하는 사람이 범인'이란 플래카드를 건 적이 있다. 지금은 '개헌에 반대하는 사람이 반(反)민주주의고 대역죄인'이다."

## 아기 낳으면 1억? 인천이 원조

—인천이 부산을 넘어 제2의 경제도시로 도약했다는 뉴스가 화제였다.

"부산시민들께는 죄송하지만, 경제 규모는 이미 인천이 부산을 추월했고, 경제성장률 역시 압도적으로 높다. 인구 차이도 25만명으로 줄었다."

—서울과 가까워 그 인프라를 누리는 건 아닐까?

"서울과 가까운 위성도시가 많지만 인구가 줄고 경기 침체를 겪는 곳이 태반이다. 사람들은 기회를 좇아 이동한다. 주식처럼 미래 가치가 있는 곳을 보고 움직인다."

—인천국제공항, 항만, 경제자유구역이 받쳐주니 어떤 시장이 와도 인천은 성장할 것 같은데.

"환경이 아무리 좋아도 정책 결정권자의 철학과 비전이 없으면 발전할 수 없다. 내가 시장일 때 2위 도시로 거듭 도약한 것이 우연은 아니라고 생각한다. 나는 미래 성장 동력을 만들 수 있는 정책에 집중했다. 영종도에 파라다이스·인스파이어·RFKR 같은 복합 리조트를 유치했고, 경인고속도로 지하화, 인천발 KTX 개통, 재외동포청 설립을 확정 지었다. 15~29세 청년 인구가 지난해 부산을 처음 역전했다."

—저출생 정책의 효과가 크다고 들었다.

"지난해 인천에서 태어난 신생아가 전년 대비 11.2% 증가해 전국 최고를 기록했다. '아이를 낳으면 1억 주고, 집도 주고, 차비도 준다'가 우리 '아이 플러스 드림' 정책의 핵심이다. 부영그룹이 1억 준다고 화제였는데, 인천이 원조다(웃음). 정부 지원금 7200만원에 '아이 꿈 수당'이란 명목으로 2800만원을 얹어 18세까지 1억원을 지원하는 정책이다."

-'천 원 주택'도 화제였다.

"하루 1000원, 한 달 3만원, 1년 36만원에 집을 빌려주는 정책이다. 올해 1000가구를 공급하는데 신혼부부들 반응이 엄청나다."

-막대한 재정은 어떻게 마련하나?

"저출생 3종 정책에 드는 예산이 700억원이다. 인천시 전체 예산(15조원)의 0.5%가 안 된다. 가성비 최고 아닌가."

-다음 선거를 위해 재정을 통 크게 풀고 싶은 유혹도 들 텐데.

"11년 전 인천시장에 처음 당선됐을 때 인천시 채무 비율이 39.9%였다. 역대 시장들이 자기 하고 싶은 사업을 하려고 빚을 늘리기만 해 재정 불능 상태에 이른 것이다. 13조원이 넘는 채무에 하루 이자만 12억원. 내무부 관료 시절 재정 문제를 다룬 경험을 살려 특단의 노력을 기울였고, 예산 대비 채무 비율을 12%까지 낮췄다. 시민 세금을 내 돈처럼 쓰는 건 범죄다."

## 엘리트와 이리 떼

-민선 김포군수로 정치에 입문한 게 38세였더라.

"주민들이 제발 출마해 달라고 시위해서 무소속으로 나왔다(웃음)."

-어떻게 일했길래.

"민선에 앞서 관선 군수로 일할 때 군청에 '허가과'를 만들었다. 공장 하나 허가받으려면 건축과, 농산과, 주택과, 지역경제과를 돌며 몇 달이 걸리길래 각 과의 허가 업무를 원스톱으로 해결할 수 있게 했다. 이 정책으로 김대중 대통령에게 불려갔다. 아마 군수 최초로 국무회의에 들어간 사람일 거다(웃음)."

-김포시장 시절엔 쌀 TV 광고도 했다고.

"'대추나무 사랑 걸렸네'의 김인문, 전원주 선생과 함께. 지하철에 농산물 광고를 시작한 것도 김포시가 처음이다."

-인천은 공해가 된 정치 현수막을 정비한 첫 지자체였다.

"평등권, 선거법 위배라고 판단했다. 일반 시민들은 지정 게시대에 돈 내고 현수막을 거는데 정치인은 아무 데나 걸어도 되나? 정치 후진국의 민낯을 보여주는 흉물이라 지정 게시대에만 현수막을 걸도록 조례를 제정했다."

―여러 성취에 비하면 대중적 인지도는 낮은 편이다.

"한국에서 정치인으로 주목을 끌려면 사고도 좀 치고, 막말과 거짓말도 할 줄 알아야 하는데 그런 쪽엔 재능이 없다. 장관 청문회 때도 아무 문제 없이 통과돼 내가 장관 된 줄 모르는 분도 많더라(웃음)."

―7남매라 청탁 잡음은 한두 건 있을 법한데.

"어머니가 '정복이 있는 곳엔 얼씬도 말라' 엄명을 내리셔서 형님들이 오히려 피해를 보셨다. 둘째 형님은 내가 인천시장에 당선된 날 30년 해온 건설 회사를 다른 지역으로 옮기셨다."

―2018년 지선, 2020년 총선에서 연패해 '유정복은 끝났다'는 말도 있었다.

"관용차 없이 버스를 타고, 재래시장 순댓국을 먹으며 정책은 책상이 아니라 현장에서 나와야 한다는 걸 실감했다. 지역 균형 발전에 대해서도 다시 생각한 시간이다. 경제적 가치, 정치적 이익으로 따지면 도서(島嶼)가 대부분인 옹진군은 인천시 300만 인구 중 2만명에 불과한 지역이지만, 표(票) 중심 사고로는 시민을 위한 진정한 정책이 나올 수 없다는 걸 깨달았다. 재선 후 인천의 모든 섬에 가는 배편을 버스비 1500원이면 이용할 수 있게 하고, 연평도·백령도 등 서해 5도 주민들의 정주금을 10만원에서 18만원으로 올린 것도 그 때문이다. 서해 5도에 사시는 것만으로도 그분들은 애국자다."

―거듭된 낙선이 약이 됐을까?

"대학 은사인 이극찬 교수님이 '엘리트(Elite)는 잘못하면 이리 떼가 된다'고 하셨다. 정자정야(政者正也), 정치는 올바름이어야 한다."

—그런 '범생이' 틀을 벗어나야 인기를 얻을 텐데.

"하나만 묻자. 당신이라면 초보 운전자에게 당신의 목숨을 맡길 것인가, 난폭 운전자에게 맡길 것인가. 나라면 30년 모범 운전자에게 맡길 것이다(웃음)."

☞ 유정복

1957년 인천 출생. 제물포고, 연세대 정치외교학과를 졸업했다. 재학중 행정고시에 합격, 내무부에서 공직 생활을 시작했다. 김포군수, 김포시장을 거쳐 17·18·19대 국회의원에 선출됐다. 이명박 정부에서 농림수산부 장관, 박근혜 정부에서 안전행정부 장관을 지냈다. 민선 6기 인천시장에 이어 2022년 재선에 성공했다. 대한민국 시도지사협의 회장이다.

# 데스크가 만난 사람 - 유정복 인천 시장
〈문화일보 2025. 2.28〉

대한민국 시도지사협의회장인 유정복(67) 인천시장의 문화일보 인터뷰 기사가 보도된 28일 오후, 서울 여의도 국회의사당에서 약 2㎞ 떨어진 한 호텔에선 유 시장의 이름을 딴 것으로 보이는 '제이비(JB)포럼'이 출범한다. 정직한 시민사회를 만들기 위한 조직이라는데 이날 유일한 특별강의자가 다름 아닌 유 시장이다. 오는 5월 조기 대통령선거가 치러진다면 유 시장이 국민의힘 대선 후보로 출마하고, 이 조직이 대선후보 유정복의 선거운동을 돕는 외곽조직 역할을 하는 것이 아니냐는 해석이 나오는 이유다. 유 시장은 지난 17일 인천시장실에서 가진 인터뷰에서도 속내를 굳이 숨기려 하지 않았다. 최연소 군수(경기 김포군)·시장(〃 김포시)·구청장(인천 서구)에 이어 3선 국회의원, 두 번의 장관(농림수산식품부·행정안전부), 두 번의 광역자치단체장(인천광역시) 등 '멀티 트리플 크라운' 기록을 가지고 있는 유 시장이 행정의 최정점(대통령직)에 도전하는 것은 확실해 보인다.

―인천시장으로 재임할 때마다 대통령 탄핵을 경험하고 있다.

"안타깝고 참담한 심정이다. 시정에 전념해야 할 시장이지만 한편으론 정치인이기 때문에 '나는 모르는 일'이라 할 수 없다."

―두 탄핵은 뭐가 다르나.

"박근혜 전 대통령 탄핵 때는 정확한 실체를 알 수가 없었다. 내가 그래도 박 전 대통령과 가장 가까웠던 사람인데 '최순실'이라는 존재를 전혀 알지 못했다. 언론에선 걷잡을 수 없이 소용돌이가 일어났다. 탄핵이라는 게 이렇게 황당한 것이구나 하는 생각을 가졌다. 하지만 이번 윤석열 대통령 탄핵심판에선 계엄이라는 실체가 있다."

―헌법재판소 심판 과정에서 대통령의 지지율이 오르고 있다.

"대통령이 계엄령을 선포하기에 앞서 더불어민주당의 의회 독재와 무소불위 권력 행사, 탄핵 남발 등도 있었다는 것을 국민이 알게 된 것이다. 이게 국민적 반감과 저항을 불러일으키고 있다."

―이재명 민주당 대표의 지지율은 큰 변화가 없다. '이재명 포비아'라는 말도 나왔다.

"결국 이러한 사태에 이르는 과정에 이 대표가 상당한 원인을 제공했다고 보는 것이다. 이 대표가 대통령이 되는 데 대해 국민적 걱정이 엄청나다."

―대통령 가능성은 커진 것 아닌가.

"글쎄. 이 대표에 대한 여론조사를 분석해보면 비(非)선호도가 훨씬 높다. 이것을 굉장히 중요하게 봐야 한다. '(대통령감으로) 당신만은 안 되겠다'는 사람이 많다는 것이다. 지금 긍정적 지지율은 인지도에 비례한다고 보면 된다."

―민주당에서 '일 잘하는 이재명이 두렵습니까'라는 현수막도 내걸었더라.

"나도 봤는데 속으로 한참 웃었다. 이 대표는 일이 아니고 다른 것을 참 잘한다. 거짓말 잘하지, 욕 잘하지."

ㅡ헌법재판소가 공정하지 않다는 여론도 있다.

"충분히 그럴 만하다. 헌재가 국민의혹과 불신을 살 일을 하고 있다. 재판 운영과정에서 의심스러운 부분이 있다. 과연 공정하고 중립적으로 이 사안을 다루고 있느냐, 나는 그렇지 않다고 본다."

ㅡ무엇이 공정하지 않은가.

"대통령에게 충분한 변론 기회도 주지 않았다. 국무총리 탄핵 심판도 두 달 동안 손 놓지 않았나."

ㅡ정치중대재해처벌법 입법 필요성을 주장하고 있는데.

"근본부터 바로잡자는 취지다. 나라의 앞날을 생각해야 하기 때문이다. 대한민국이 법치주의를 하는 민주공화국인데 국회가 법을 안 지킨다. 예산안 처리 기한 무시가 대표적이다. 법을 안 지키는 사람들과 무슨 법을 얘기하고 국정을 얘기하나. 법원도 마찬가지다. 이 대표에 대해 왜 '633원칙'(공직선거법 위반 사건 재판은 1심의 경우 6개월, 2심과 3심은 3개월 안에 끝내야 한다는 것)을 지키지 않나. 송철호 전 울산시장, 윤미향 전 민주당 의원 등도 재판이 끝나기 전에 임기를 다 채웠지 않나."

ㅡ법을 안 지키면 정치인이든, 판사든 처벌을 해야 한다는 것인가.

"기업에서 어떤 사고가 생기면 경영주가 처벌을 받는다. 그런데 국민 전체에게 피해를 주는 것엔 아랑곳하지 않는다. 정말 모순이다. 국회든, 사법부든 소위 막강한 권력을 갖는 국가기관이 법을 지키지 않으면 국민적 피해가 발생한다. 이들이 응분의 책임을 지는 처벌이 필요하다."

─2030세대 남성들이 보수화됐다고 보나.

"나는 그렇게 분석하지 않는다. 2030세대는 굉장히 공정을 중시하며 실리적인 사람들이다. 민주당의 행태를 가만히 보니 잘못된 포퓰리즘 정치행위를 하고 있다고 보는 것이다. 예를 들어 이 대표의 전 국민 민생지원금도 결국 하늘에서 떨어지는 돈이 아니라 나랏빚 내서 하는 것이다. 국민 세금, 즉 자신들이 갚아야 할 돈으로 받아들인다."

─국민의힘이 좋아서 지지하는 것이 아닌 셈이다.

"그렇다. 2030세대는 앞으로 어떻게 정치가 흐르냐에 따라 보수로 갈 수도, 진보로 갈 수도 있다. 2030세대가 동의할 수 없는 정책이나 정치행위를 하면 바로 지지를 철회할 사람들이다."

─이준석 개혁신당 의원에 대해선 어떻게 생각하나.

"이 의원에 대한 여러 평가가 있을 수 있지만 나는 이번 대선에서, 그리고 우리 정치에서 이 의원 같은 사람도 필요하다고 본다. 국민의힘과 보수도 이 의원이 필요하다는 것을 알아야 한다. 중도 싸움이 중요한데 태극기에만 빠져 있을 수 없지 않나."

―유 시장은 개헌 찬성론자인데.

"내가 지금이 개헌의 적기라고 보는 이유는 사회적 공감대가 형성 됐기 때문이다. 여론도 우세하다. 전·현직 국회의장, 야당 출신 대한민국헌정회 회장, 여야 시도지사들이 모두 찬성한다. 이 대표만 반대하고 있을 뿐이다. 이번 윤 대통령 탄핵 심판을 통해 대통령의 막강한 권한 행사 문제는 물론, 의회 독재를 통한 문제 등까지 드러났다. 1987년 헌법 체제가 가지고 있는 낡은 국가 운영 체계의 틀을 바꿀 때가 됐다."

―어떤 식으로 개헌해야 하나.

"현재 헌법 개정안 조문을 디테일하게 만들고 있다. 국회의 권한 남용을 막기 위해 중대선거구제, 양원제, 정·부통령제 등을 헌법 개정안에 담으려고 한다. 대통령의 중앙정부 권한을 이제 지방으로 분권화해야 한다."

―중대선거구제는 왜 필요한가.

"지난 국회의원 총선거에서 민주당이 압승했지만 사실 득표 차이는 크지 않았다. 그런데도 국회가 완전히 민주당 독주로 운영되고 극단적인 상황을 가져오지 않았나. 이건 국민의 의사가 제대로 반영된 것이 아니다."

―양원제는 어떤 식으로.

"합리적인 국정 운영을 위해 이제 우리 국회도 어른이 필요하다. 광역 지방정부에서 2~5명의 상원의원을 선출해 40~50명의 상원을 구성하는 안이다. 이런 상원이 존재한다면 누구를 대통령 만들기 위해 국회의원들이 일극 체제로 줄 서는 상황은 없을 것이다."

―지방분권은 잘 되고 있지 않나.

"그렇지 않다. 개헌을 통해 자치조직권, 인사권, 재정권을 지방정부에 넘겨야 한다. 우리의 지방자치가 이제 30년이 됐다. 그런데 아직도 우리는 중앙집권 문화에 젖어 있다. 중앙 정부는 여전히 중앙 대 지방을 상하 개념으로 보고 있다. 17개 광역 시도의 총합은 대한민국이다. 현재 중요한 국가 정책은 중앙 정부에서 진행하고 지방에는 보조금만 집행하고 있다. 기초단체의 경우 자기네 예산을 독자적으로 편성할 수 있는 비율이 10%도 안 된다. 기획재정부가 보조금으로 지방정부를 통제한다면 행안부는 사람을 내려보내서 통제한다. 내가 행안부 장관을 한 사람이다. 이건 30년 전 틀을 그대로 유지하고 있다. 인천시 2인자인 행정부시장을 정부에서 임명한다. 근데 이 지역과 아무 관계가 없는 사람이다. 지방자치를 하는 나라에서 시도의 '바이스'(2인자)를 국가가 임명하는 게 말이 되나."

―보조금 지급제가 효율적이지 않다고 보나.

"저출생 대책만 해도 그렇다. 이게 대한민국에 얼마나 심각한 문제인가. 1년에 저출생 극복을 위해 쓰는 정부 예산이 50조 원이다. 아니, 어떻게 50조 원을 쓰면서 출생률이 전 세계 꼴등을 할 수 있나. 이 돈이 보건복지부, 여성가족부, 행안부, 농식품부 등으로 쪼개져 나눠먹기식으로 집행되다 보니 이렇게 된 것이다. 내가 윤 대통령에게도 말했는데, 차라리 신생아가 태어나면 아이당 2억 원씩 줘도 되겠더라. 지난해 신생아가 24만 명이었으니 2억 원씩 주면 된다. 이러니 정부 운영이 효율적으로 될 리가 있나. 저출생은 예일 뿐이다. 각종 복지 정책, 기업 정책, 경제 정책, 문화 정책이 다 이렇게 돼 있다. 근본을 깨야 한다."

―현재 지자체장들이 대거 대선에 나설 것 같다.

"대통령은 국가를 경영하는 종합 행정 예술가다. 대통령을 제외하고 가장 많은 사람들로부터 선택을 받은 정치인이다. 인천시만 해도 작은 대한민국이다. 심지어 외교안보까지 있다. 내가 인천시 방위협의회 의장이다. 시민의 삶과 관련된 복지, 문화, 경제, 환경은 말할 것도 없다. 이런 것을 책임지고, 경험한 사람만큼 좋은 정치 리더는 없다."

―그런 점에서 '행정의 달인'(유 시장)도 도전해볼 만한 목표 아닌가.

"내가 가는 곳마다 업적을 만든 것은 사실이다. 장관을 한 이후든, 시장을 한 이후든 누구도 이런 문제가 있었다고 지적하는 사람이 없었다. 인천시는 내가 재임하면서 대한민국 제2의 경제도시가 됐다. '아이 플러스 1억드림'이나 '아이 플러스 집드림(천원주택)' 정책 등을 통해 출산율 증가 1위가 됐다. 모두 나 혼자의 공이라고는 할 수 없겠지만, 나만의 발상과 역량이 크게 기여한 것은 틀림없다. 그런데 나는 직분에 아주 순진할 정도로 충실해 온 사람이다. 과거 장관을 할 때든 뭐든 다음 단계를 생각해보지 않았다. 지금도 시장으로서 직분에 충실하려고 한다. 하지만 시대가 나를 필요로 하는 상황에서, 내가 정말 필요하다면 나를 기꺼이 던진다는 게 정치 철학이 됐다. 솔직히 말한다면, 오로지 권력 야욕에 사로잡혀서 나라의 미래엔 관심이 없고 정치적 욕심으로 가득한 사람이 대통령이 되는 것은 막아야 한다는 생각이다."

―서울에서 JB포럼이 출범하는데, 이건 누가 보더라도 대선 조직 아닌가. JB는 '정복'의 약자 아닌가.

"내가 정치를 30년 했다. 그동안 쌓은 네트워크가 얼마나 많겠나. 이런 분들이 2년 전에 '사회가 이래서는 안 되겠다, 정직한 사회를 만들자'는 취지에서 모임을 만들었다. 이번에 이분들이 저스티스(Justice·정의)의 J와 블레싱(Blessing·축복)의 B를 따서 같은 취지의 포럼을 만든 것이다. 정말로 이 포럼에 관여한 바가 없다."

―이렇게 정리하면 되겠나. '나, 유정복은 대선을 목표로 인생을 살진 않지만 시대가 원한다면 대선에 출마해 험한 일도 마다하지 않겠다'라고.

"그냥 간결하게 얘기하겠다. '내가 나서서 선한 영향으로 세상과 나라가 좋아지면 그건 보람 있는 일이다'라고."

## 유정복 시장과 모친

"이랑이 있으면 고랑도 있다… 오늘의 나를 만든 말"

유정복 인천시장은 1957년 수도국산(水道局山)으로 불리던 인천 송림동 달동네에서 일곱 남매 중 여섯째로 태어났다. 황해도 연백이 고향인 유 시장의 부모는 다른 6·25전쟁 피란민들과 마찬가지로 가난했다. 고등학교(제물포고) 시절까지 인천에서 학창시절을 보낸 유 시장은 1976년 연세대 정치외교학과에 진학했다. 4학년이던 스물두 살에 행정고시에 합격, 1994년 김포군수(임명직), 이듬해 인천 서구청장(〃)을 지냈고, 같은 해 민선 김포군수로 당선되며 본격적인 정치인의 길에 들어섰다.

유 시장은 오늘의 자신이 있기까지 어머니를 빼놓을 수 없다고 말한다. 부친의 사업이 신통치 않자 모친은 두부를 만들어 팔기도 했고, 가을이면 묵을 빚어 팔았다. 생전 유 시장에게 "세상은 혼자 사는 게 아니다. 나누며 사는 것이다"라고 자주 말했다. 그가 36세에 김포군수로 부임하자, 어머니는 "힘없고 어려운 사람들을 잘 챙겨라"고 당부했다. 모친은 "이랑이 있으면 고랑이 있다"는 말도 남겼다. 농작물을 재배하는 밭에 수확을 위한 씨앗이 뿌려지는 이랑이 있다면, 잘 성장하도록 배수로 역할을 하는 고랑이 있다는 것이다. 유 시장은 "수많은 일을 처리하고 부딪치며 희로애락이 반복될 때마다 나를 지탱시키는 '뿌리적 언어'로 남아 있다"고 돌아봤다.

# 국정운영에 지방은 30년째 들러리… '분권형 개헌' 공론화 필요

〈서울신문 202. 2. 26〉

올해는 주민이 단체장을 뽑는 지방자치가 시행된 지 30년이 되는 해다. 하지만 중앙정부 중심의 국가운영 관행은 변함이 없다. 지방은 여전히 들러리에 그치고 있다. 올해 대한민국시도지사협의회장이 된 유정복(68) 인천시장이 협의회의 2025년 역점사업 중 하나로 분권형 개헌을 주장하는 이유이다. 권력 운영에 대한 근본적인 인식 전환을 강조하는 유 협의회장을 지난달 31일 인천시장실에서 만났다.

-시도지사협의회 회장으로서 올해 추진하려는 사업은 무엇인가.

"제2의 국무회의인 중앙지방협력회의(중지협)를 내실화해 진정한 지방시대를 구현하겠다. 중지협은 대통령이 의장이고 국무총리와 시도지사협의회장이 부의장이다. 시도지사들도 멤버다. 중지협을 내실화해 지역안정과 민생경제 회복에 집중하겠다. 이를 위해 정부의 추가경정예산 편성과 규제 완화가 필요하다. 우리들은 공공재정의 신속한 집행으로 지역경제 활성화를 도모하겠다."

-그러려면 시도지사 간 긴밀한 유대를 강화할 필요는 없나.

"당연히 필요하다. 그런데 다들 바빠서 한자리에 모이기가 쉽지 않다. 시도지사들이 한자리에 모여 지방자치 발전 방안을 논의하는 워크숍도 마련해 볼 생각이다. 이와 별도로 시도지사협의회뿐만이 아니라 시도의회의장협의회, 시군구청장협의회, 시군자치구의회 의장협의회 등과도 연대해 자치발전을 위한 공동협력을 추구하고자 한다."

-정치 안정화를 위해 지방분권형 개헌도 강조했던데.

"그렇다. 대통령과 국회의 과도한 권한이 국가 혼란의 한 원인이라는 데 시도지사들이 여야 관계없이 동의한다. 나라 운영을 중앙정부 중심에서 지방정부로의 분권을 강화하는 방식으로 정상화해야 한다. 이 문제는 끊임없이 주장해 왔고 부분적으로 실현됐지만 중앙집권적 사고는 여전하다. 중앙정부는 지방정부보다 우월적 지위에 있다고 생각하나 잘못된 생각이다. 중앙과 지방정부의 역할 차이이지 상하 개념으로 볼 일이 아니다. 이런 오류 때문에 중앙정부 정책이 지방정부에서 효율적으로 작동되지 못하는 게 많았다."

-어떤 부분에서 이런 오류가 있나.

"중앙정부의 지방정부 통제 틀을 개선해야 한다. 인사의 경우 광역시도의 행정부지사와 부시장을 국가직 공무원이 맡는데 관선시대 마인드의 잔재이다. 행정안전부 장관을 지낸 사람으로서 지역 균형과 협력은 필요하나 지역을 모르는 부단체장 임명은 문제다. 지방정부 운영은 지방에 맡기는 방향으로 인사 체계를 바꿔야 한다. 재정 면에서는 기획재정부가 지방의 미숙함을 우려해 통제하려 한다. 우리만큼 정부에서 운영하는 보조금이 다양하고 비율이 높은 나라는 없을 것이다. 지방자치를 한 지 30년이다. 주민의식이 성숙했다. 국가 시스템을 지방 분권 강화 방향으로 전환해야 한다."

-구체적인 계획은.

"지방분권형 개헌 추진을 위해 3월 내 '지방분권형 헌법 개정안' 초안을 마련해 공개하고 국회에서 전문가 토론회를 시작으로 공론화할 것이다. 이러한 헌법 개정과 별도로 지방분권에 부합하지 않는 중앙정부 중심의 국가운영 체제를 분권으로 바꿀 각종 법령 정비도 지속적으로 할 것이다."

-협의회장의 국무회의 참석을 강조했더라.

"정부에서 국무회의를 통해 국정 현안에 대해 의결하면 웬만한 집행은 지방정부에서 한다. 국정의 안정적 운영과 성공을 위해 중앙과 지방정부가 협력한다는 차원에서 협의회장의 국무회의 참석은 권한의 문제이지 지방정부 배려 차원의 일이 아니라고 본다. 시도지사협의회장의 국무회의 참석은 국무회의 규정만 손보면 된다."

-서울시장은 배석하지 않나.

"배석한다. 하지만 형식적이다. 지방정부를 대표하는 것은 아니다. 제가 국무위원을 두 번 했다. 서울시장이 발언하는 기회는 거의 없었다. 그리고 생산적인 국무회의가 되려면 이미 합의된 안건뿐 아니라

의료개혁이든 재정정책이든 현안을 자유롭게 논의할 수 있어야 한다. 중앙정부의 논리가 그저 책상 위의 얘기가 되지 않으려면 현장의 목소리가 더 많이 반영돼야 하지 않나."

-현장행정이 중요하다는 뜻인가.

"그렇다. 직원들에게 늘 강조하는 게 있다. 소위 말해 '갑질' 얘기가 왜 나오느냐. 공급자 중심의 행정을 하기 때문이다. 행정은 공급자가 아니라 수요자 중심으로, 책상이 아니라 현장 중심이어야 한다."

-단체장, 장관, 국회의원을 다 경험했다. 어떤 차이가 있나.

"중앙이든 지방이든 국가와 지역 발전을 위해 책임을 다한다는 점은 같다. 중앙정부와 지방정부는 국가라는 동전의 앞뒷면과 같다고 본다. 물론 기능적 차이는 있다. 국회의원은 정치에 집중하고, 장관은 행정 외 정치도 하지만 대통령의 참모라는 한계가 있다. 반면 시장은 행정과 정치를 모두 잘해야 한다. 계획부터 집행까지 모두 책임지는 자리라 보람이 크지만 힘들다."

-지난 총선 직전 경기 김포의 서울 편입론으로 시끄러웠다. 관선 및 민선 김포군수와 시장 출신으로서 어떤 기분이었나.

"행정체계는 주먹구구식으로 변경해선 안 된다. 김포 편입론은 과도한 기대를 주는 '정치쇼'였다. 특별법으로 서울 편입을 추진하겠다는 것은 국회의 월권이다. 이런 특권의식을 없애야 한다. 우리 사회의 가장 심각한 문제 중 하나는 특권문화이다. 모든 것을 특별법으로 해결하려는 경향이 있다. 인천시는 행정체제 개편을 위해 1년 반 동안 주민들의 이해를 구하고 구의회, 시의회, 국회 동의를 거쳤다. 이런 게 정상적인 절차다. 특별하게 처리하려는 태도가 특권문화이며 이는 대한민국을 후퇴시킨다."

-서울특별시나 특별자치도, 특례시 등도 많지 않나.

"수도 중 특별이라는 명칭이 들어간 도시는 서울특별시가 유일하다. 중국 베이징, 상하이는 모두 직할시다. 북한에 개성특별시가 있으나 이는 남북 경협을 위해 설정된 것이고 평양은 그냥 직할시다. 서울시민이 특별시민이면, 나머지는 보통시민인가. 이런 눈에 보이지 않는 특권 문화를 없애자는 것이다. 특별자치도, 특례시도 마찬가지다. 이런 특권 문화를 타파해야 한다."

-인구감소 시대다. 지역 균형발전에 대해 어떻게 생각하나.

"100년 전 행정체계를 그대로 두는 건 불합리한 일이다. 디지털 정보화 시대다. 정보를 효율적으로 운영하듯 지방정부도 그래야 한다. 지금 군의 평균인구가 3만명대일 것이다. 그런데 예산은 4000억~5000억원이다. 재정운영의 효율성으로 본다면 불합리한 것이다. 하지만 효율성만을 따질 순 없을 것이다. 그렇게 되면 농촌 지역은 삶의 질이 더 어려워질 것이다. 그래서 지금과 같은 시도, 시군구, 읍면동 3계층 구조를 근본적으로 개편해야 한다는 게 내 지론이다. 군대로 치면 소대, 중대, 대대, 연대 이런 개념으로 행정체제가 돼 있는데 이제는 이를 극복해야 한다. 지금의 3계층 구조를 없애고 전국을

40~50개 권역으로 나눈 뒤 그 밑에 행정 단위를 두는 2계층제로 해도 충분하다고 본다. 예를 들어 강원도를 춘천권, 강릉권, 원주권 등 3개 권역으로 하고 기존 군과 읍면을 조정해 2계층 구조로 만드는 식이다."

-수도권과 부산, 대구 등 다른 대도시 지역은 어떤가.

"수도권은 인구과밀 지역이라 수도권 행정청을 두고 그 안에서 권역별로 나눌 수 있을 것이다. 지방의 대도시도 일반 도의 광역권과 달리할 수 있을 것이다. 이런 방안은 현재 논의되는 행정통합과는 다르다. 예컨대 대구경북특별시안은 대구시와 경북도는 합치나 기존 읍면동은 존치하는 것으로, 과거 체제로 돌아가는 것이라 내 구상과 다르다. 지역적인 환경에 따라 방법은 달리 가져갈 수 있다고 볼 수도 있으나 1970년대 행정체제로 복귀하는 것 아닌가 싶다."

-재정분권 차원에서 국세와 지방세 비중을 조정해야 한다는 주장이 있다.

"지역별로 세원이 불균형한 상태다. 서울, 인천은 재정자주도가 상대적으로 높아 지방세 비중을 높이면 재정 여건이 더 좋아질 것이다. 하지만 재정자립도나 자주도가 낮은 지역의 경우 지방세 비중을 높여도 그로 인해 증가되는 재원이 얼마 안 된다. 지금처럼 내국세의 19.24%를 지방교부세로 할당하는 것이 재정력이 약한 지역으로서는 더 유리할 수 있다. 그런데 이건 또 분권논리에 안 맞는 일이다. 교부세 비율 인상은 불교부단체의 반발을 살 수 있어, 교부세 배분 방식의 합리적 개선이 필요하다."

-새로운 지방자치 30주년을 말하지만 '님비현상'은 여전히 단체장들에게 부담이 되고 있다.

"표를 얻어야 해서다. 참 어려운 문제다. 피해 예상 지역에 대해 인센티브를 주는 노력이 필요하다."

유정복 시장은

1979년 22세에 행정고시 합격 후 강원도청에서 공직을 시작했다. 내무부 지방자치기획단에서 지방자치법 관련 법규 완성에 참여했고 1995년 초대 민선 김포군수가 됐다. 이후 3선 국회의원, 행정안전부 장관, 농림수산식품부 장관을 역임했다. 지방행정과 중앙행정을 두루 경험한 행정전문가이자 정치인으로 2014년에 이어 인천시정을 이끌고 있다.

# 능력·도덕성·국민통합능력이 '검증'된 사람이 지도자가 돼야

⟨2025년 월간조선 3월호⟩

劉正福

1957년생. 연세대 정치외교학과 졸업, 서울대 행정대학원 행정학 석사 / 행정고시 제23회, 경기 김포군수·김포시장 역임, 제17·18·19대 국회의원, 농림수산식품부 장관, 안전행정부 장관, 제6대 인천시장 역임. 現 인천시장(제8대), 대한민국시도지사협의회 제18대 회장

2025년은 대한민국 지방자치제가 본격적으로 시작된 지 30년이 되는 해다. 1995년 7월 1일 민선(民選) 1기 단체장과 이보다 4년 앞서 치러진 지방의원 선거로 시작된 지방자치제도는 현재 단체장은 민선 8기, 지방의회는 민선 9기에 이르렀지만 지방정부의 권한은 크게 달라진 것이 없는 상태다.

근본적인 원인은 무엇일까. 17개 광역단체장들로 구성된 대한민국시도지사협의회의 회장을 맡고 있는 유정복 인천시장은 "권력이 극소수에 집중되는 개발시대 논리를 담고 있는 1987년 헌법은 시대정신에 맞게 수정돼야 한다"며 "과도한 중앙집권적 정치 구조가 지속적인 정치적 혼란과 불행한 대통령, 불행한 국민을 양산(量産)하고 있다"고 주장한다. 시도지사협의회는 지난 2월 5일 여당 국민의힘을 찾아 개헌(改憲)을 통한 정국 안정 방안을 제안했고, 곧 개헌안을 내놓을 예정이다.

> 유정복 시장은 국회의원 3선(17·18·19대), 장관 2번(농림수산식품부·안전행정부 장관), 민선 광역단체장 2번(제6·8대 인천시장)을 지낸 관록의 정치인이다. 이런 그가 개헌론에 앞장서는 이유는 무엇일까. 유 시장을 2월 4일 인천광역시청에서 만났다.

― 시도지사협의회에서 개헌안을 내놓는다고요.

"전 국민적으로 개헌의 필요성이 확산되고 있기 때문에 전문가들을 통해 개헌안을 마련하고 국회 토론회, 주요 정치 지도자들과의 만남 등을 통해 논의할 계획입니다."

― 정국 혼란이 계속되는 지금 왜 개헌을 주장합니까.

"계엄과 탄핵 사태로 인한 정국 혼란이 이어지면서 대한민국의 정치 구조에 심각한 문제점이 있다는 점을 전 국민이 실감하게 됐습니다. 이전까지의 개헌론은 권력을 갖기 위한 일부 정치인의 투쟁 전략이었지만, 지금은 이념과 진영을 넘어 전 국민이 기존의 정치 구조를 바꿔야 한다는 데 공감하고 있습니다. 지금의 정국 혼란은 위기이기도 하지만 잘못된 정치 구조를 고쳐나갈 절호의 기회이기도 합니다. 그래서 국민적 공감대가 형성된 지금 개헌을 해야 한다는 겁니다."

― 추진하는 개헌의 방향에 대해 알려주세요.

"대한민국 운영체계의 모순점들을 해소시켜 가는 방향입니다. 우리 정치의 고질적인 문제점인 권력 집중, 그리고 최근 우리 사회를 뒤덮고 있는 '정치 과잉' 상태를 해소하는 겁니다. 대통령과 중앙정부의 권한도 과도(過度)하고, 국회의 권한도 과도합니다. 권력이 과도하니 특권 문화가 우리 사회를 지배하고 있습니다. 우리 정치 문화는 1960년대 이후 경제 성장 속에서 정착된 중앙집권적 문화입니다. 당시엔 지도자가 과감하게 개발 계획을 세우고 정책과 입법이 뒷받침하는 구도가 유효했지요. 하지만 지금처럼 발전한 상태에서도 여전히 국가 권력이 중앙집권적이라는 것은 수많은 사회적 문제를 일으키는 요인이 되고 있습니다."

— 현재 (계엄 및 탄핵) 정국이 초래된 것도 과도한 권한과 그 권한의 잘못된 행사가 낳은 현주소라고 볼 수 있습니다. 결국 제도를 근본적으로 고쳐야 한다는 얘기입니까.

"맞아요. 사실 제도에 문제점이 있더라도 정치인이 애국심과 도덕성, 진정성을 갖고 정치를 한다면 큰 문제는 일어나지 않을 겁니다. 하지만 인간 본성상 권력을 갖게 되면 권력을 행사하고 싶어지고, 나아가 권력 유지와 확대를 위해 과도한 행동을 할 수 있기 때문에 제도적으로 이를 막는 장치가 꼭 필요합니다. 그게 바로 민주주의이고 삼권분립 아닙니까. 지금까지 민주화를 진행해 왔는데 이제는 이런 부분에 대해 근본적으로 되돌아보고 문제를 개선할 시점이 왔습니다."

— 현행 헌법은 민주화 시대의 헌법이죠.

"1987년에 만들어진 헌법이 40년 가까이 변하지 않았습니다. 그 시대의 체계가 과연 지금 맞는 것일까요. 되돌아보고 잘못된 점을 진단해서 시대정신에 맞게 고쳐야 한다는 게 저의 종합적인 진단입니다."

— 개헌은 여러 차례 논의와 시도가 있었지만 현실화되지 못했습니다.

"어려운 건 사실입니다. 헌법을 개정한다는 게 절차적으로 복잡하기도 하고요. 또한 지금까지 과도한 권력을 누려왔던 대통령과 정부, 국회가 개헌을 하겠습니까? 개헌을 하면 지금 누리고 있는 권력이 약해질 것이 예상되는데요."

— 그런데 또 개헌을 주장한들 현실화되겠습니까.

"아니지요. 지금은 전 국민이 대한민국 정치의 문제점을 뼈저리게 느끼고 있지 않습니까. 대통령의 권력이 과도하다는 점, 국회 즉 국회 다수당의 권력이 과도하다는 점이 계엄-탄핵 정국에서 여실히 드러났잖아요. 이제 개헌을 위한 전 국민적인 공감대가 형성되고 있습니다. 기득권층이 자신의 위치에 안주하는 환경에서는 개헌이 쉽지 않지만, 지금은 국민이 자신의 진영과 이념을 떠나 우리 정치 체제의 문제점을 심각하게 느끼고 있습니다. 대통령에 대한 비판과 야당이 장악한 국회에 대한 지탄이 얼마나 심각합니까. 대통령 탄핵 찬반 세력이 매주 대규모 집회를 벌이고 있잖아요. 진영을 가리지 않고 국민들이 광장으로 나와 권력을 비판하고 있습니다."

그는 이번 탄핵 정국은 8년 전과는 차원이 다르다고 했다. 유 시장은 박근혜 전 대통령이 한나라당 대표 시절 대표비서실장을 지냈고 박근혜 정부에서 안전행정부 장관을 맡는 등 '친박계'로 불렸다.

— 박근혜 전 대통령 탄핵과 현재 정국의 다른 점은 무엇인가요.

"박 전 대통령의 탄핵 사유는 국정농단이었는데 사실 실체가 없었습니다. 언론에서 몰아치는 바람에 다들 자세한 사유도 모른 채 탄핵에 휘말렸지요. 이번엔 비상계엄 등 실체가 있기 때문에 국민이 나름대로 판단을 할 수 있었다고 생각합니다. 처음엔 다들 계엄 자체에 충격을 받았지만 대통령이 계엄을 선포한 데는 분명한 이유가 있지 않았습니까. 국민이 일부 언론에 휩쓸리지 않고 탄핵에 대해 스스로 판단하고 행동하고 있다는 게 과거와 다른 점 같습니다."

— 개헌에 대한 구체적인 계획이 있습니까.

"시도지사협의회에서 분권(分權)을 중심으로 한 개헌안을 곧 내놓을 예정입니다. 대통령과 중앙정부가 갖고 있는 막강하고 과도한 권력을 분산해야 합니다. 중앙-지방의 분권만을 얘기하는 게 아니라 대통령실, 행정부 각 부처, 사법부, 국회 등 각자 분야에서 강력한 권력을 가진 기관들도 분권을 해야 한다는 겁니다."

— 대한민국은 역사적으로 계속 중앙집권적 국가였는데요.

"고대에서 중세, 근현대사에 이르기까지 우리 민족은 먼저 국가를 세우고 국가가 지방을 통치하는 체제로 살아왔습니다. 오랫동안 이런 문화에 젖어왔던 것이지요. 하지만 이제 시대정신에 맞춰 국민 의식도 변해야 합니다. 국가는 존재하되 국가가 해야 할 외교·안보·무역·환경 등 대외적인 문제들은 국가가 하고, 국민의 삶과 관련된 복지·문화·산업·민생은 국가가 통제하지 않고 자치에 맡겨야 합니다. 권력자들은 중앙이 지방보다 우월적 지위에 있다고 생각합니다. 하지만 진실은 그렇지 않아요. 서울은 왜 특별시입니까? 민주주의 국가에서 왜 특별시가 필요한 거죠? 전 세계에서 수도가 특별시인 국가가 있습니까? 개발만능주의 시대의 중앙집권적 국가 권력체계를 2025년에 이어나가는 건 시대정신에 맞지 않습니다. 개헌을 통한 국가 대수술이 필요합니다. 통제를 자율로 바꾸고 미래지향적인 경쟁체제로 만들어야 합니다."

― 미래지향적인 경쟁체제의 구체적인 예를 든다면요.

"대학입시제도를 예로 들어볼게요. 입시제도의 문제점은 늘 제기되고 있는데요, 왜 해방 후 80년이 되도록 대입 시험을 계속 국가가 관리하는지 의문입니다. 지금의 입시제도는 서열 문화와 계급 문화를 강요하는 분위기잖아요. 수능시험을 통해 전국의 모든 수험생을 1등에서 50만 등까지 줄 세우지 않습니까. 지금의 입시제도가 청소년들을 암울하게 만들고 사회적 부작용은 갈수록 커지고 있습니다."

― 입시를 국가에서 관리하는 것은 우리나라 국민성의 특성상 무엇보다 공정성이 중요하기 때문 아닙니까.

"국가가 관리해야 한다는 당위론은 옛날 얘기입니다. 수능 성적으로 학생들을 줄 세우는 건 당연한 게 아니에요. 많은 선진국이 그렇게 합니까? 대학이 자율적으로 학생을 선발할 수 있도록 자유시장경제의 영역, 자율의 영역으로 바꿔야 합니다. 그런다고 해서 국민들이 지켜보는 상황에서 명문대가 입시 부정을 저지르겠습니까? 자율에 맡겨도 될 만큼 우리 사회의 수준은 성숙했습니다. 저는 교육부를 해체 수준으로 기능과 역할을 혁신해야 한다고 생각합니다."

— 교육 외에는요.

"국민 생활에 실질적인 영향을 미치는 문화와 복지야말로 지방정부에 권한을 이양해야 합니다. 각 지방의 현장에서 어떤 일이 벌어지는지도 잘 모르는 중앙정부가 어떻게 지원금과 보조금을 획일적으로 쥐고 좌지우지합니까. 대한민국은 '보조금 공화국'입니다. 중앙정부에 잘 보여야 뭘 할 수가 있어요. 지역의 자율성은 배제되고 각 사업은 경쟁력 확보가 안 됩니다. 기획재정부와 행정안전부도 미래 시대에 걸맞게 해체 수준으로 대대적으로 혁신해야 합니다."

유정복 시장은 정치권과 관료들이 바뀌기 위해서는 제도적인 장치가 필요하다고 주장했다. 기업에 적용되는 중대재해처벌법을 권력기관에도 적용시켜야 한다는 주장으로, 이른바 '정치중대재해법'(가칭)이다.

"법을 만들고 심판하는 입법부와 사법부도 법을 안 지키는 경우가 허다합니다. 예를 들면 입법부는 '예산은 회계연도 개시 30일 전에 통과시켜야 한다'는 법 조항을, 사법부는 '선거법 위반 재판은 1심 6개월-2심 3개월-결심 3개월 이내에 해야 한다'는 법 조항을 안 지키잖아요."

― 어떻게 제재할 수 있을까요.

"기업이 사고나 위법 행위가 있을 경우 중대재해처벌법에 따라 대표가 처벌을 받는 것처럼, 정치권도 중대재해처벌법을 적용해야 합니다. 위법·불법 행위가 있을 때 수장이 처벌을 받아야 한다는 겁니다. 국회의장, 국회 상임위원장, 정당 대표, 장관, 법원장 등은 자신이 맡은 조직에서 법을 지키지 않았을 때 처벌받는 법이 필요합니다. 민간인, 기업인은 중대재해처벌법을 적용시켜 안전을 강조하면서 왜 권력기관들은 법을 지키지 않아도 아무런 제재를 받지 않습니까. 권력기관부터 법을 철저하게 지키도록 해 권력 남용을 막고 특권 문화를 배제해야 합니다."

― 국회에도 적용 가능하겠군요.

"맞습니다. 국회는 민의에 따라 법을 만드는 곳이고 민의와 상관없이 법을 무분별하게 양산하는 것은 국회의 권한에서 벗어나는 겁니다. 수많은 공직자를 탄핵하고 예산을 제멋대로 나눠주는 국회가 정상입니까."

― 하지만 국회는 국민이 선거를 통해 선택한 결과물인데 국회의 활동을 규제할 수 있겠습니까.

"그래서 제도적인 보완 장치가 필요하다는 겁니다. 22대 총선에서 여야 득표율 차이가 약 5%포인트에 불과한데 실제 의석수는 2/3

가까이 야당이 가져갔어요. 이것도 제도적 문제점입니다. 국민의 의사가 제대로 반영된 것이 아니기 때문에 이런 잘못된 제도는 고쳐야 한다는 겁니다. 국민의 2/3이 야당에 권력을 몰아준 게 아니지 않습니까. 합리적으로 조정해야 합니다."

― 중대선거구제 도입 말입니까.

"지금의 소선거구제는 민의를 정확하게 반영하지 못하고 있다는 사실이 이번 국회에서 여실히 드러나고 있으니까요."

― 한 언론 인터뷰에서는 양원제(兩院制)도 언급했는데요.

"독단적인 의회 권력을 제어하고 조정할 수 있도록 양원제를 고려할 필요가 있습니다. 미국 상원이 각 주에서 2명씩 선출하듯 우리도 광역단체에서 일정 인원을 선출하는 방식으로 상원을 구성하는 겁니다. 견제와 제어 장치가 있다면 지금과 같은 극단적인 의회 독재 현상은 일어나지 않을 겁니다."

― 시도지사협의회가 내놓을 개헌안에 중대선거구제와 양원제 등의 내용이 담길 가능성이 있네요. 통치 구조는 내각제도 고려하고 있습니까.

"대통령제와 내각제를 두고 논의하는 것은 우리 정치에서는 지나치게 큰 논쟁의 대상이 될 겁니다. 당장 내각제로 재편한다면 혼란이 생길 것도 우려되지만, 우리나라의 특수성 때문이지요. 분단 국가이면서 열강에 둘러싸여 있는 상황이기 때문에 내각제 전환은 현실적이지 못하다고 봅니다. 또 우리 국민 정서상 내각제는 맞지 않습니다. 국민은 대통령을 뽑고 싶어 하지 각자 뽑은 의원들이 국가 수반을 결정하는 내각제를 원하지 않습니다. 지금과 같은 의회 독재 상황에선 더욱 우려가 크고요."

─ 그렇다면 제왕적 대통령제와 의회 독재의 문제점은 어떻게 해결해야 합니까.

"대통령제를 흔들지 않으면서 대통령실 체제를 개편하고 정부도 지방정부에 권력을 분산하는 방식으로 국가 권력체계를 조정할 수 있습니다. 국회도 중대선거구제 도입과 양원제 도입이라는 제도적 장치로 의회 독재를 방지할 수 있고요. 또 대통령 임기를 조정해서 대선과 총선을 함께 치르는 방안도 고려하고 있습니다. 대선과 총선이 엇갈리니 여소야대와 국정 혼란 등이 이어질 수밖에 없는 형편입니다."

─ 대통령 탄핵심판 여부에 따라 조기(早期)대선이 치러질 가능성도 있습니다.

"그래서 저는 이번 개헌을 통해 치러지는 대선에서 당선되는 대통령은 임기를 다음 총선까지로 제한하는 방법도 생각하고 있습니다."

─ 대선 전 개헌을 계획하고 있는 겁니까.

"충분히 가능합니다. 지금이야말로 국민이 개헌의 필요성을 실감하는 적기 아닙니까. 탄핵심판의 결론이 어떻게 나든 국민은 다음 대통령을 뽑을 때 현재의 시스템이 아닌 새로운 시스템으로 뽑고 싶지 않겠어요? 현행 헌법하의 제왕적 대통령을 또 뽑기보다는 우리 손으로 바꾼 헌법에 따라 새로운 대통령을 뽑길 원하겠지요."

― 현재 여당은 개헌특위 출범을 준비하며 개헌론을 띄우고 있고, 야당은 잠잠합니다.

"여야를 떠나 정치인이라면 개헌의 필요성은 모두 인정하고 있고, 원로들과 전문가들도 적극적으로 개헌을 이야기하고 있습니다. 이제 정치인들이 실질적으로 행동하는 것만 남았습니다. 국회가 의지만 있다면 개헌은 어렵지 않습니다."

― 국회 다수당인 더불어민주당은 개헌에 적극적으로 나설 필요가 없지 않습니까.

"민주당은 조기 대선으로 정권을 획득하고 의회까지 독차지해 일극체제를 만들 꿈에 젖어 있는 것 같습니다. 그러다 보니 이재명 대표만을 위한 당으로 전락했고요. 이런 민주당이 대통령에 의회 권력까지 함께 차지하면 권력을 견제할 세력은 온전히 없어지는 것이고, 어떤 무서운 일이 벌어지겠습니까. 하지만 국민이 이제 현실을 다 알게 됐습니다. 여론조사에서 보이는 정당 지지율이 말해주고 있습니다."

― 민주당이 특별검사법(특검법)과 탄핵소추를 남발했던 현실을 국민이 알게 된 것이죠.

"민주당의 행태는 우리 사회의 기득권층이 '특별'과 '특권'에 몰입하고 있다는 현실을 여실히 보여줬습니다. 지금 대한민국은 특별법 만능 국가입니다. 지금 대한민국처럼 특별법을 많이 만드는 나라가 어디 있습니까. 특별법은 아주 불가피한 경우가 아니면 존재하면 안 되는 겁니다. 헌법과 법률이 있는데 특별법이 왜 필요합니까. 특별법이라는 존재 자체가 법의 기본 정신을 훼손시키는 것이고, 특별법이란 특정 지역, 특정 인물, 특정 사건을 규정하는 법이에요. 결국 보통 사람들에게 상대적인 박탈감이나 손실감을 감내하도록 하는 겁니다. 국민을 위해 법을 만들어야지 왜 정치인들이 자기 맘대로 만듭니까?"

― 특별이라는 명칭이 주는 특별함이 있지요.

"우리 사회는 특별 만능주의에 젖어 있습니다. 수도 서울을 왜 '특별시'라고 합니까. 저는 20여 년 전부터 서울은 특별시라는 이름을 가져선 안 된다고 주장했는데요, 서울 시민은 특별시민이고 다른 시민은 보통시민인가요? 수도에 특별(special)이라는 명칭을 붙이는 나라는 대한민국밖에 없어요. 베이징도, 평양도 직할시 아닙니까. 특별이라는 단어를 흔하게 쓴다는 건 부지불식간에 대한민국이 특권 문화에 젖어 있다는 점을 상징적으로 보여주는 겁니다. 특권을 가져야 잘사는 것같이 느껴지는 문화를 바꿔야 한다는 겁니다."

― 현재로서는 조기 대선이 치러질 가능성이 있고 대권 주자들도 하나둘 등장하고 있습니다. 윤석열 대통령의 탄핵 여부는 어떻게 될 것으로 봅니까.

"계엄은 과거이고 탄핵은 심판 중이니 굳이 언급하지 않겠습니다. 또 대통령이 존재하는 상황에서 여당 소속 정치인으로서 대선을 직접적으로 이야기하기는 어렵습니다. 우리의 과제는 국민의 상처를 봉합하고 통합의 길을 가는 겁니다. 국민들이 진영을 떠나 이 추운 날 애국심과 나라 걱정하는 마음 하나로 광장으로 나와 의견을 피력하고 있는데 정치인들이 더 이상 죄를 지어선 안 됩니다. 대통령 하겠다고 나서기 전에 자기 성찰부터 해야죠."

─ 향후 대권 주자들 사이에서 개헌이 화두가 될 것 같습니다.

"개헌에 반대하는 사람은 국민을 위하지 않고 자신의 정치적인 욕심에 따른다고 볼 수밖에 없습니다. 나라보다 자기 권력이 중요합니까."

─ 탄핵 때문에 여권의 대권 주자들은 어려운 상황이죠.

"우리 국민의 아픈 마음과 불안감은 잘 알고 있습니다. 하지만 지나치게 진영 논리에 갇히기보다는 어느 쪽이 우리의 미래를 위한 것이냐에 대해서는 깊이 생각할 필요가 있습니다."

─ 현재 대권 주자 중에는 시도지사들이 다수 포함돼 있는데요, 대선이 치러진다면 후보 경선도 치열할 것 같습니다.

"여야를 떠나 대권 주자라는 분들은 정치적이고 감각적인 얘기에만 집중하고 있는 것 같아요. 저는 후보 지지도 조사만으로는 한계가 있다고 생각합니다. 언젠가부터 선거에서 유권자들이 최선보다는 차악(次惡)을 뽑는 배제의 논리를 적용하고 있잖아요. 그래서 지지도를 조사하면서 동시에 비(非)지지도, 이른바 혐오도 조사도 같이 해야 합니다. 이재명 민주당 대표의 경우 지지도가 다른 사람들보다 높지만 비호감도 역시 독보적이지 않습니까."

— 우리 국민은 정치인에 대한 불신이 깊습니다. 새로운 인물도 정치권에 들어가면 비호감도가 높아집니다.

"우리 정치의 정당 운영 시스템에 문제가 있다고 생각합니다. 미국의 경우 중앙당의 개념이 강하지 않습니다. 원내대표만 있을 뿐 당대표라는 건 없어요. 그러나 우리 정치는 당대표가 선거를 통해 선출되고, 대표가 공천권을 행사하는 시스템입니다. 그러니 국회의원과 정치인들은 줄 서기에 여념이 없고요."

— 각 정당은 대표를 뽑는 전당대회가 최대 이벤트일 정도입니다.

"임기 2년간 공천권을 쥐고 당원들을 좌지우지하는 대표가 꼭 필요합니까? 정치인이 국민에게, 유권자에게 충성해야지 보스에게 충성할 이유가 있습니까. 승자독식의 제왕적 대통령제가 지속되는 건 승자독식의 중앙당 체제 때문이기도 합니다. 중앙당 중심의 진영 정치는 매일 상대를 향한 저주와 극언으로 금도가 사라진 난장판을 만들어냈습니다. 진실보다 정당과 진영, 계파의 이익을 중시하는 패거리 위선 정치 문화가 널리 퍼져 있습니다."

— 탄핵 정국에서도 다소 그런 면이 보였지요.

"국회의원은 헌법기관임에도 불구하고 제왕적 대표를 향한 부끄러운 행태를 보였습니다. 당론투표, 침묵하는 헌법기관, 거대 거수정당이라는 단어로 표현할 수 있지요. 중앙당 정치 문화의 부작용이 누적된 사례입니다."

— 지금의 정치적 혼란을 극복해 나갈 새로운 지도자의 덕목이라면 무엇이 있을까요.

"국가 경영 능력, 도덕성 그리고 국민 통합 능력을 들겠습니다. 능력이란 국가를 이끌어나갈 자질과 실력, 경험이 있어야 한다는 겁니다. 진정성의 의미는 그 사람의 언행이 그 사람의 과거를 그대로 증명하느냐는 겁니다. 말로는 누구나 잘하겠다고 합니다. 정치인이 말만 앞서고 위선과 거짓과 선동에만 집중한다면 누가 그 사람을 믿을 수 있겠어요. 안타깝게도 우리 사회에서는 말이 앞서는 사람, 말로 현혹하는 사람이 인기를 누리는 경우가 많습니다. 국민 입장에서는 말이 아닌 그 사람의 인생과 걸어온 길, 능력, 실적에 따라 판단해야 합니다. 도덕성은 더 말할 필요도 없고요. 능력과 도덕성, 국민 통합 능력은 사실 당연한 덕목이지만 저는 이 부분이 확실하게 '검증'된 사람이 지도자가 돼야 한다고 생각합니다."

— 검증된 사람이란 무슨 뜻입니까.

"다양한 혐의로 재판을 받고 있는 사람, 자신에게 제기된 의혹을 해소하지 못하는 사람, 자신의 능력과 실적을 증명하지 못하는 사람은 국민의 검증을 받지 못한 것이나 마찬가지입니다. 그런 분들이 지도자의 자격이 있을지 의문입니다. 저는 평생 관료 및 정치인으로 살아오는 동안 공적인 지위를 이용해 사적 이익을 취한 적이 없습니다. 능력과 실적을 명확하게 보였고, 책임질 수 있는 언행만을 해왔습니다."

― 과거와 다른 새로운 리더십이 필요하다는 생각이 드는 시점입니다.

"정치적인 언행과 인기에 연연하는 리더십은 더 이상 국민을 보호할 수 없다고 생각해요. 합리적이고 능력 있고 국민 통합이 가능한 리더십이 필요합니다. 저는 '정직한 리더십'이라고 부르고 싶어요. 능력과 도덕성은 리더의 기본적인 요건이라고 생각하고, 거기에 더해 진영의 이익이 아닌 국민만을 바라보고 선택과 결정을 하는 진실성과 진정성이 추가돼야 한다는 겁니다. 쇼와 위선, 거짓, 가짜 뉴스, 이기주의에 물든 정치인들에게 국민은 지쳐 있습니다. 진정성 있는 정직한 리더십만이 상처받은 국민을 보듬고 통합할 수 있다고 생각합니다."

― 향후 정치적 계획은.

"인천시장으로 소임을 다하겠지만 대한민국 정치인의 한 사람으로서 나라가 반듯하게 서도록 하는 정치적 책임을 방기(放棄)할 수는 없어요. 또 지금은 대한민국 시도지사협의회 회장으로서 오늘의 국정 혼란을 안정화시키고 더 나은 미래를 만들어가는 데 있어서 정치적 책임을 지고 있습니다. 따라서 나라를 바로 세우는 데 역할을 하려 합니다."

유 시장은 올해 초 2025년의 사자성어로 부위정경(扶危定傾)을 선정했다. '위기를 맞아 잘못을 바로잡고 기울어 가는 것을 다시 세운다'는 뜻이다. 그는 "정치가 혼란스럽고 혼돈의 국면에 있을 때 나라가 바로 설 수 있도록 하는 게 정치인과 관료의 중요한 책임"이라고 거듭 강조했다.

## 정책은 말랑말랑하게, 정치는 우직하게

〈월간중앙 2025년 2월호〉

유정복 인천광역시장은 딱딱한 정책 현안에 소프트한 감수성을 입히는 스타일이다.

인천 영종도의 음악 기획사 '소리창조' 대표 백영규 씨. 그는 1970년대 '슬픈 계절에 만나요' '순이 생각' 등 서정성 짙은 노래로 인기 절정을 구가한 전국구 슈퍼스타였다. 2000년대 들어 소싯적 성장기를 보낸 인천에 다시 정착한 백 대표는 '인천의 성냥공장 아가씨', '추억의 신포동' 등 지역의 정취·정서가 물씬 풍기는 곡을 잇달아 발표한다.

인천 지역 방송의 라디오 DJ로도 활동하던 2010년대 중반 그는 모르는 번호가 찍힌 전화 한 통을 받는다. "저 유정복 시장입니다. 언제 저녁때 소주 한 잔 가능하실까요?" 백 대표의 음악 활동을 유심히 봐 온 유정복 인천시장이 러브콜을 보내온 것이다. 이렇게 만난 두 사람은 '꿈의 나라', '대청도 소년', '결혼예찬' 등 인천을 배경으로 하는 노래 3곡을 함께 만드는 사이로 발전한다. 유 시장이 노랫말을 쓰면 백 대표가 그걸 다듬어 곡을 붙였다.

"대필한 흔적 없어 흥미로워"

첫 작품인 '꿈의 나라'를 만들던 과정은 지금도 생생하게 기억난다고 백 대표는 말한다.

"인천 대중문화, 음악에 대한 얘기가 오갈 때였다. 유 시장은 관심 가는 주제가 나오면 '그럼 어떻게 하면 되느냐'며 열심히 메모까지 하더라. 그럼 저는 더 신나게 말해줬고. 특히 인천의 토속성, 역사성에 천착하는 제 노래에 많은 관심을 보였다. 그래서 제가 '같이 노래 하나 만들자. 시장께서 어린 시절의 추억을 되살려 노랫말을 지어보라'고 제안했고, 그렇게 탄생한 게 '꿈의 나라'다."

백 대표는 그때를 돌이키면서 "좀 건방지게 들리겠지만, 그때는 정치인이 이런 대중적 문화 소재를 어떻게 소화해내는지 보고 싶다는 호기심도 발동했다"고 미소를 지었다. 그렇게 건네받은 유 시장의 노랫말은 기대 이상이었다고 백 대표는 되새겼다.

"누가 대필(代筆)한 흔적이 전혀 안 보였다. 그래서 좀 놀랐다. 수도국산, 배다리 헌책방 골목, 자유공원 등은 그 시절의 체험 없이는 제대로 녹여내기 어려운 소재이기 때문이다. 전반적으로 느낌이 있는 사람이고, 그걸 바로 실천하는 스타일이라는 인상을 받았다. 무미건조한 분이었다면 저도 작업하는 재미가 없었을 텐데. 정치하느라 내부의 인간적인 면모를 제대로 드러낼 기회가 적었겠다는 상념도 들었다."

"다음 선거가 아닌 다음 세대를 생각"

유 시장은 40년 이상을 공직에 몸담았다. 1979년 행정고시(23회)에 합격한 유 시장은 1980년 총무처 행정사무관 시보에서 시작해 관선 군수·구청장, 민선 군수·시장, 3선 국회의원, 농림수산부·행정안전부 장관, 2선 인천광역시장까지 화려한 경력을 쌓고 있다. 국회의원, 장관, 광역지자체장을 역임한 이른바 '트리플 크라운'의 주인공이지만, 그 사이사이에 구도와 바람이 인물론을 압도해버린 김포시장(2002년), 인천광역시장(2018년), 국회의원 선거(2020년)에서 낙선하는 등 세 번에 걸쳐 좌절의 터널도 통과했다.

네 번 떨어질 수는 없다는 절실함 때문일까? 그는 2022년 6월 지방선거를 앞두고는 시장통에서 열린 버스킹 공연에 참여하고, 백 대표가 진행하는 유튜브 채널 '백 다방 TV'에 감성 DJ로 출연하기도 했다. 시민 속으로 한 걸음 더 가까이 다가서는 여정이었던 셈이다.

4년의 공백 끝에 2022년 인천시로 복귀한 까닭일까? 유 시장은 민심에 더 민감하게 반응하고, 딱딱한 정책 현안에 소프트한 감수성을 입히는 데 열성을 보인다. 백 대표가 말했듯, 유 시장의 감성은 대중가요도 아우른다. '꿈의 나라'는 인천시 근대사를 간직한 명소들에 대한 추억과 애정, 실존적 감회를, '대청도 소년'은 168개 섬을 품은 인천의 대표적 섬 소년들의 꿈과 도전에 대한 스토리를 담았다. 2024년 10월 선보인 '결혼예찬' 노랫말에는 결혼, 출산, 양육에 대한 유 시장의 역발상과 호소가 녹아 있다.

이와 관련해 유 시장은 "인천의 정체성, 역사를 시민들과 보다 깊고 넓게 공유했으면 하는 바람에서 노래를 짓게 됐다"고 했다. "특히 '결혼예찬'의 경우 문제의식을 갖고 쓴 가사다. 젊은이들에게 결혼과 출산이 주는 인생의 의미와 기쁨, 행복을 전하고 싶었다."

보수 정당(국민의힘)에 몸담은 그는 세대 간 소통에 각별한 공을 들이는 편이다. 강성옥 인천시 홍보수석은 "유 시장은 평소 '다음 선거가 아닌 다음 세대를 생각한다'는 말을 강조한다"고 전했다. 실제로 유 시장은 민선 8기 인천시장에 취임한 이후 인천 소재 대학생들과 접촉면을 넓혀오고 있다. 가장 최근에는 지난해 말 인천 소재 10대 대학교 총학생회와 네 번째 만났다. 2030세대가 체감하는 정책을 만들자면 그들의 얘기를 귀담아 듣는 게 우선이라는 게 유 시장의 여론 수렴 방식이다. 되도록이면 현장을 찾아가고, 문화 프로그램, 워크숍 같은 걸 통해 살아 있는 얘기를 들어야 한다는 것.

2016년 인구 300만 명 돌파에 즈음해 인천시청 건물 외벽에 내걸린 대형 경축 현수막. 지난해 10월까지 인천시 출생아는 전년도 대비 10% 증가했다.

유 시장은 1월 10일 월간중앙과의 인터뷰에서 "유정복은 쇼(show)하지 않는다는 걸 많은 청년이 느낄 것"이라며 젊은 층과의 소통에 자신감을 내비치기도 했다. 유 시장은 나름의 관점을 제시했다. 예컨대 청년세대는 현실의 고뇌와 미래의 불안 때문에 삶 자체가 힘들다. 그건 개인과 사회 전반의 미래가 불투명하기 때문이다. MZ세대는 타인으로 인해 자신이 희생되거나 피해를 보는 것도 원치 않는다. 나아가 불합리한 관계에 얽매일 이유가 없다는 사고가 MZ세대의 보편적인 정서를 형성한다고 그는 분석하기도 한다.

이에 기초해 인천시의 정책 도달률을 높이는 노력을 아끼지 않는다. 도달률이란 특정 콘텐트가 목표 대상에게 얼마나 도달했는지를 나타내는 비율이다. 유 시장은 인천시의 결혼, 출산, 양육 지원 정책이 신혼부부에게 최대한 많이 전달되고 수용돼야 한다며 정책 관계자들의 분발을 촉구한다.

"저 혼자 힘으로 청년들의 삶과 애환을 어떻게 다 이해할 수 있겠나. 시청 직원들에게도 여러 각도에서 젊은 층의 고충을 파악해 정책에 녹여달라고 주문한다. MZ세대가 정보와 문화를 소비하는 SNS에 더 밀착하고자 하는 것도 이런 바람의 일환이다."

"경상도나 전라도에서 태어났더라면"

젊은 층과의 소통을 열심히 하고, 정책도 말랑말랑하게 다룰 줄 아는 유 시장이지만 인지도가 꼭 역량에 비례하는 것은 아니다. 김동완 전 국회의원은 유 시장의 고교 동기이자 행정고시 동기(23회)이기도 하다. 유 시장의 인생 행로를 근거리에서 지켜봤을 법하다. 김 전 의원은 유 시장을 일러 "마음의 여유가 있다"고 칭찬한다. "선거에서 여러 번 떨어져 본 경험으로 인해 섣불리 흥분하거나, 울컥하는 마음에 돌출 행동을 하지 않을 만큼의 참을성을 길렀다"는 게 김 전 의원이 본 유 시장의 내면이다.

김 전 의원은 이에 더해 "공직자로서의 윤리관이 투철한 유 시장은 나랏일을 맡겨도 손색없는 인물"이라면서도 "자세를 낮출 줄도 아는 그에게는 잠룡이 가져야 할 자산 중에 없는 게 하나 있다"고 말한다. 그가 말하는 부재(不在)란 바로 콘크리트 지지층, 즉 '팬덤'이다.

"묻지 않고 무조건 지지해 줄 열성 팬, 지지 기반이 약하다. 유 시장은 수도권 출신이다. 태어난 곳이 그에겐 한계다. 아마 경상도나 전라도 같은 데서 출생했다면 훨씬 많이 컸을 것이다. 인천은 인재를 키우는 분위기가 약하고 그래 본 경험이 일천하다."

유 시장의 보수적 정치 스타일, 청렴을 강조하는 집안의 내력도 '세력화'와 거리를 둔 유 시장을 이해하는 키워드가 될 수 있다.

유 시장은 확실히 화려한 언행으로 눈길을 사로잡는 '반짝스타' 타입은 아니다. 팬덤으로 세력화를 꾀하는 것도 아니다. 편을 갈라 표를 모으거나, 여론에 영합하거나, 보여주기식 정치는 더더욱 체질에 맞지 않는다며 손사래 친다.

"저도 좀 튀는 행동도 하고, 사리에 안 맞는 이상한 언변으로 사람들에게 강한 인상을 남길 수는 있다. 결국 그건 자기 이익을 위한 꼼수에 불과하다. 양심에 거슬려서도 그런 행동이나 말은 못한다. 우직하게 시민의 삶을 풍요롭게 하고, 행복감을 끌어올리는 정치면 족하다."

인천시에 따르면 유 시장 공직 수행 제1의 원칙은 '공적인 권력을 사적인 이익을 위해 쓰지 않는 것'이다. 인천시청 로비에는 공직자의 청렴을 강조하는 플래카드가 내걸려 방문객의 시선을 끈다.

다양한 경험의 산물 '잡종 강세'

이는 생전 유 시장 모친이 7남매에게 남긴 유지로 연결된다. 유 시장 모친은 자녀들에게 "정복이가 있는 지역에서는 어떤 사업도 하지 말라"고 당부했다. 유 시장은 저서 〈나그네는 길을 묻고 지도자는 길을 낸다〉에서 "가족들 사이에서는 이게 불문율로 자리 잡았다"고 전했다.

건설 회사를 경영하는 친형의 경우 유 시장이 김포에서 군수와 시장, 국회의원을 지내는 동안 김포시 발주 건설 공사 입찰에 일절 참여하지 않았다고 한다. 유 시장이 2014년 인천시장에 당선되자 30년 이상 경영하던 인천의 사업을 아예 접기까지 했다고 유 시장은 돌이켰다. 이와 관련해 유 시장은 월간중앙과의 인터뷰에서 "유정복에게는 사업상의 로비 같은 건 통하지 않는다는 걸 세상이 다 안다"면서 "(로비) 시도조차 하지 않으니 오히려 내가 편하다"라고 말했다.

사람의 캐릭터와 신념은 하루아침에 변하는 게 아니다. 유 시장의 스타일도 경로 의존성에 수렴될 가능성이 높다. 그런데도 그를 잘 아는 이들 중에는 그의 잠재성과 상품성에 주목하기도 한다. 그중 한 사람이 김학준 인천대 이사장이다. 김 이사장은 유 시장의 다양한 경험을 높게 평가하는 것으로 알려져 있다. 대한민국의 지도자급 인사 중 유 시장같이 군수, 시장, 국회의원, 장관, 광역지자체장까지, 대통령을 제외한 거의 모든 중요한 선출직 공직을 섭렵한 이도 드물다는 것.

김 이사장은 특히 멘델의 생물학적 유전 법칙 중 '잡종(雜種) 강세' 개념에 빗대 유 시장의 가능성을 짚은 것으로 알려졌다. 잡종 강세란 잡종 교배로 낳은 잡종 1세대가 부모의 강점만 이어받아 보다 우수한 형질을 나타내는 경향을 일컫는다. 같은 종 가운데서도 혈연관계가 먼 품종을 교배할수록 생명력이 강하다. 이를 인간 세계에 적용하면 다양한 경험과 폭넓은 교류를 가진 이가 더 큰 적응력, 경쟁력을 갖는다는 해석으로 이어진다. 인천시 한 고위 관계자는 "유정복 시장이 다양한 자리를 오가며 탄탄대로만 달린 게 아니라 여러 번 낙선의 고배도 마셨기 때문에 김 이사장이 유 시장의 경력을 아주 귀하게 여기는 것 같다"고 전했다.

올해 들어 대한민국시도지사협의회장에 취임한 유 시장은 수뇌부가 유고 상태인 중앙정부의 역할을 정책으로 보완하는 일에 적극적으로 나선다는 각오다. 대한민국의 정상화는 행정의 영역이자 정치의 영역이기도 하다. 소통을 중시하는 그가 선보일 행정력, 정치력에도 관심이 쏠린다.

## "2030세대에 희망 주니 인천 출생 10% 늘어"

〈월간중앙 2025년 2월호〉

[특별 인터뷰] 유정복 인천광역시장은 왜 'MZ 세대'에 꽂혔나

"지금 필요한 건 기성세대의 '행동'…정책에 친절함, 절박함 담아야"

"수요자 뇌리에 존재감 각인하는 카피와 메시지 겸비해야 좋은 정책"

"큰 허물을 가진 사람이 다음 지도자 반열의 중심에 서는 건 곤란"

"보수, 단순한 진영 논리로는 대선 어려워…진실하게 반성, 성찰해야"

"굉장히 신선한 정책이다. 신혼부부가 살고 싶은 시중 주택을 고르면 인천시가 빌려서 다시 신혼부부에게 빌려준다. 그것도 하루 임대료 1000원에."

구독자 110만 명을 보유한 경제 유튜버 '재파'(재테크 읽어 주는 파일럿)가 2025년 초에 올린 '천원 주택 온다. 커피값보다 싸다'는 제목의 동영상에 나오는 내용이다. 인천시와 인천도시공사(IH)는 2025년부터 결혼한 지 7년 이내의 신혼부부와 예비 신혼부부들에게 최초 2년, 최대 6년 동안 월세 3만원의 주택을 공급한다. 1일 임대료로 따지면 1000원이라 해서 '천원 주택'이라는 타이틀이 붙은 이 정책

에 대해 재파는 "한 달 임대료가 3만원으로 말이 안 될 정도로 저렴하다"며 이 정책의 매력을 다음과 같이 부연했다.

"그동안은 LH, SH, IH 등 공공기관이 보유한 12평, 18평 등 소형 평수에만 이런 정책을 적용했는데, 이번에는 사이즈가 좋게 나와 33평까지 가능하다. 조건이 되는 분들은 무조건 관심을 가져봐야 한다." 간명하고 쉬운 언어로 재테크 관련 정보를 전달하는 것으로 유명한 인플루언서 재파의 이 영상 조회 수는 23만 회를 넘어섰다.

인천시의 '천원 주택' 정책의 공식 명칭은 '아이(i) 플러스 집 드림'이다. 인천시는 이에 더해 '아이(i) 플러스 1억 드림' '아이(i) 플러스 차비 드림' '아이(i) 바다패스' 등 '아이(i)로 시작하는 저출생, 민생 시리즈를 론칭했다. 여기서 '아이(i)'는 '우리 아이'라는 뜻과 함께 인천의 영문 이니셜 아이(I)를 동시에 연상케 한다. 인천시는 2023년부터 저출생 극복 정책을 순차적으로 수립하면서 일관된 메시지를 발산하는 네이밍(naming)에도 공을 들였다.

2024년 1월부터 10월까지 인천시 출생아 증가율이 전년 대비 10.2% 증가하면서 인천시가 추진해온 신혼부부 등 MZ세대 지원 정책의 성과에 쏠리는 시선도 늘어나고 있다. 1월 10일 인천시청 시장 접견실에서 월간중앙과 만난 유정복 인천광역시장은 "MZ세대는 빠르고 재미있는 것에 열광한다"면서 "인천시 저출생 극복 정책이 성공한 데는 한눈에 직관할 수 있는 네이밍 덕도 있다"고 설명했다.

유명 유튜브 영상에 인천시 정책 '천원 주택'이 소개됐는데 알고 있나요?

"아 그랬나요. 미처 보지 못했습니다만 참 고마운 일이네요."

'천원 주택'은 정책의 콘텐트도 파격적이지만, 카피(copy)도 입에 착 달라붙는 느낌입니다.

"신혼부부가 하루 1천원 임대료로 거주할 수 있다고 해서 붙여진 게 바로 '천원 주택' 정책입니다. 월세로는 3만원이죠. 결혼한 지 7년 이내의 신혼부부와 예비 신혼부부들에게 저렴한 주택을 제공하는 프로그램이지요. 연간 1000호 공급을 목표로 합니다. 인천시 소유 공공임대주택을 싸게 임대(매입 임대)하거나, 신혼부부가 시중의 주택을 고르면 그걸 인천시가 집 주인과 계약해서 다시 임대(전세 임대)하게 됩니다. 매입 임대는 1월부터 모집에 들어갈 예정이며, 전세 임대는 국토부 협의를 거쳐 이르면 올 4월부터 입주가 가능하리라 예상합니다."

"정책 입안 단계부터 키워드 선정에 골몰"

평소 네이밍에 공을 많이 들이나요?

"기성세대가 레거시 미디어, 페이스북을 많이 소비한다면, MZ세대는 유튜브, 인스타그램, 틱톡 등 선호 플랫폼이 따로 있잖아요. 저도 여기에 자주 들어가 보는데, 문화가 완전 달라요. 이들의 세계에서는 복잡한 설명, 다 의미 없습니다. 짧고, 굵게 감각적인 쇼츠, 숏폼 중심의 콘텐트가 주류입니다. 정책 효능감도 네이밍에 좌우될 수 있죠.. 그래서 '천원 주택' '1억 드림' 정책이 대박을 친 것 아닐까요. '반값 택배'? 설명이 필요 없지요. 인천시의 각종 저출생 극복 정책, 민생 정책의 성공에는 이런 네이밍 효과도 한몫했다고 봅니다. 요즘 시대에는 길고 복잡한 것은 인기가 별로이지요. 그래서 왜곡이 발생하기도 하지만 세상은 그렇게 가고 있습니다. 정책도 소비자의 구매 패턴에 부합할 때 효과적입니다."

인천시 같은 공공기관이 젊은 층의 취향을 저격하는 민첩한 홍보 전략을 구사하기가 쉬운 일만은 아닐 듯합니다만.

"저출생 문제, 민생 문제가 심각하잖아요. 어떻게든 해결해야 하거든요. 정책 소비자들의 관심과 호응이 따라야 사회적 에너지가 증폭되고, 정책의 효과도 배가됩니다. 인천시는 정책을 입안하는 단계부터 핵심 요소를 각인케 하는 키워드 선정에 공을 들입니다. '사람에게는 시야에 들어오는 모든 물건이 보이는 것이 아니라 거기에 물건이 있다고 인식해야 비로소 보인다'는 말이 있더군요. 바쁜 일상을 사는 시민들이 별도의 수고를 들이지 않고도 쉽게 느낄 수 있는 정책이 제격이지요. 좋은 정책은 내용도 훌륭해야 하지만, 수요자의 뇌리에 존재감을 팍팍 각인해주는 카피와 메시지도 겸비해야 한다고 믿습니다. 정책 입안 단계에서부터 이런 아이디어 발굴에 관계 공무원들이 머리를 맞대는 게 인천시의 일상적 정책 로드맵이라고 하겠습니다."

'내가 행복할 수 있을까'에 대한 끊임없는 의문

인천시가 2030세대에 올인하는 배경은?

"온 나라가 저출생이라는 '존립'의 문제에 직면해 있습니다. 젊은이들이 결혼, 출산, 양육을 기피하는 나라에는 미래가 없어요. 그래서 인생의 참된 의미라 할 결혼과 가정을 꾸리는 일에 정부와 지자체가 적극 지원하는 겁니다. 무엇보다 중요한 건 결혼 적령기의 MZ세대들에게 기성세대의 진심이 전해지는 것입니다. 네이밍 하나에서도 친절함과 절박함이 묻어나야 해요. 그러자면 서로 이해하고 소통하려는 자세가 선행돼야 합니다. 저는 MZ세대와 기성세대의 사고 체계가 다르다는 데서 출발합니다. 세대 간 인식, 가치, 문화, 취향이 같을 순 없으니까요. 저성장 시대를 살아가는 2030세대는 그들이 처한 환경도, 접하는 사회 현상도 부모 세대와 달라요."

그래서 포착한 MZ세대의 특징이 있다면?

"어른들이 부지불식간에 간과하는 게 있어요. '우리 땐 이랬어, 너희는 행복한 줄 알아야지'라는 심리 같은 것이죠. 이런 얘기는 젊은이들에게 전혀 먹히지 않아요. 제가 만나 본 MZ세대는 '과연 내가 행복할 수 있을까'에 대한 의문을 끊임없는 던지는 것 같았어요."

그 불안과 의문을 완화하는 노력이 필요하겠습니다.

"젊은 층이 희망을 갖지 못하는 나라에 미래가 있을까요? 그들이 지금 당장 필요로 하는 것을 충족하는 공급 시스템이 시급해요. 기성세대는 말로 설득할 게 아니라 행동에 나서야 합니다. 희망을 공급하는 것이죠. 앞서 언급한 인천시의 저출생 정책 시리즈가 잘 말해줌니다. 염가의 주택을 공급하고, 필요한 경비를 지원하고, 교통비를 환급해주는 데서 젊은 세대는 현실의 변화를 체감합니다. 지금보다 더 나아질 수 있다는 희망을 가질 수 있죠."

'1억 드림' '차비 드림'도 MZ 세대의 짐을 덜어주는 정책이겠군요?

"그렇죠. 1억 드림 정책은 인천에서 태어나는 모든 아이에게 18세가 될 때까지 총 1억원을 지원하는 정책입니다. 특정 순간에 반짝 지원하는 게 아니라 출산부터 18세까지 쉼 없이 지원하는 게 포인트입니다. 2024년 말까지 5만 명에 가까운 시민이 혜택을 봤습니다. 차비 드림 정책은 출산 가구에 최대한 많은 교통비를 돌려주는 사업입니다. 인천시는 지난해 10월부터 전국 최초로 소상공인 반값 택배 지원 사업, 올 들어 인천시민이라면 시내버스 요금인 1500원으로 인천의 모든 섬을 갈 수 있는 '아이(i) 바다패스' 정책도 각각 시행 중입니다. 모든 시민이 조금이라도 더 편하고 저렴하게 이동하는 요건을 조성하고 있습니다. 인천시는 대한민국 저출생 극복 정책을 선도하는 지자체로 입지를 다지고 있습니다."

인천시는 시내버스 요금인 1500원으로 인천의 모든 섬을 갈 수 있는 '아이(i) 바다패스' 정책과 소상공인의 부담을 덜어주는 '반값 택배' 정책을 시행 중이다. 이들 정책의 성과를 측정할 지표를 든다면?

"신생아 출생률 증가 추세가 말해줍니다. 지난해 1월 부터 10월까지 인천시 출생아 증가율이 전년 대비 10.2% 올라갔습니다. 전국 평균 증가율 1.9%의 다섯 배에 가까운 상승입니다. 지난해에는 전국

출생아 수가 2023년보다 7295명 늘었습니다. 출생아 수 반전 추세를 인천시가 주도하고 있습니다. 인천시의 합계 출산율도 상승합니다. 2023년 3분기 0.67명에서 2024년 1분기 0.74명으로 증가했으며, 2024년 3분기에는 0.8명으로 0.13명 늘어났습니다. 또 지난해 12월 통계청이 발표한 '2023년 지역 소득(잠정) 추계 결과'에 따르면 인천시가 실질 경제성장률 4.8%를 기록하며 전국 1위를 기록하기도 했습니다."

국가 차원의 출생 모델 대전환을 촉구했지요?

"예. 인천시의 성과와 자신감이라는 든든한 자산이 있으니까요. 저는 평소 중앙정부에 저출생 대응 태스크포스(TF)가 필요하다고 강조했습니다. 대통령실에도 저출생 담당 수석을 둬야 한다고 목청을 높였지요. 지난해 7월 인구전략기획부 신설을 골자로 하는 정부조직법 개정안이 국회에 발의됐으나 반년 째 잠자고 있습니다. 정치인들이 나라를 생각한다면 정말 이래선 안 됩니다."

2023년 인천 실질 경제성장률 4.8%

정국이 혼탁하다 보니 공직사회 기강이 많이 느슨해졌다는 지적이 나옵니다. 인천시의 분위기는 어떠한가요?

"(목소리를 낮추면서) 글쎄요. 저는 인천시 공직사회 분위기가 그렇다고 말할 수는 없습니다. 인천시는 저출생 대책, 경제성장률에서 압도적으로 좋은 성과를 내고 있잖아요. 일을 게을리하면 나올 수 없는 성과 지표들이지요. 중앙 부처의 경우 좀 다른 것 같아요. 대통령, 총리가 직무정지 상태인데다, 장관이 부재중인 핵심부처도 있다 보니 중앙부처 의사결정이 늘어지기도 해요. 인천시하고도 지난해에 결정돼야 할 사안들이 안 되고 있지요. 이런 식의 누수는 막아야겠다고 마음을 다잡습니다."

-방도나 통로가 있을까요?

"저는 지난해 말 제18대 대한민국시도지사협의회장으로 추대돼 올해 임기에 들어갔습니다. 1999년 지방자치법에 따라 설립된 대한민국시도지사협의회는 전국 17개 광역지방자치단체장이 참여하는 협의체입니다. 우리는 오랫동안 국가와 지방을 상하 개념으로만 인식하는 경향이 있었습니다. 이걸 깨뜨리고 싶어요. 시민이 곧 국민이고, 국민이 곧 시민 아닙니까. 대한민국시도지사협의회장으로서 책임감을 갖고 지방정부의 위상을 제대로 정립할 각오입니다. 2025년은 4대 지방선거가 실시된 지 30년 되는 해입니다. 뜻깊은 해를 맞아 잘못된 관행과 비정상적 요소를 찾아 바로잡는 것도 제 역할이지요. 특히 지금처럼 나라가 어려울 때일수록 대한민국시도지사협의회장의 역할은 중요합니다. 법적 권한에 기초해 제가 해야 할 일을 하겠습니다."

"지방정부 권한을 강화하는 분권형 개헌 추진"

-구체적으로 어떤 일들을 구상하는지요?

"17개 시·도가 대한민국을 이루고 있습니다. 대한민국의 모든 민생과 주민 생활, 복지, 문화, 이런 게 다 지역(지자체)에서 성취되는 것이죠. 대한민국시도지사협의회장은 이를 책임 있게 추진할 책무가 있는 것이고요. 지금과 같이 나라가 어려운 때일수록 국정 안정, 민생 경제 회복, 국민 불편 해소를 위해 우리의 의지를 확고하게 표명해야겠지요. 앞으로 현안에 관해서는 기자회견 등을 통해 입장을 밝히고, 필요한 행동을 하려고 합니다. 최상목 대통령 권한대행과도 만나겠습니다. 대한민국시도지사협의회 회장은 '제2의 국무회의'라고도 불리는 중앙지방협력회의의 부의장이기도 합니다. 중앙지방협력회의는 17개 시·도지사가 대통령, 국무총리, 주요 부처의 장관들과 분기별로 모여 지방자치와 균형발전에 대한 주요 정책을 심의하는 기구입니다. 2022년 1월 시행된 '중앙지방협력회의 구성 및 운영에 관한 법률'에 의해 만들어진 법정 기구이기도 하지요. 대통령이 이 기구의 의장이고 국무총리와 대한민국시도지사협의회 회장이 부의장입니다. 사회, 경제 안정을 위해 우리가 할 수 있는 조치를 추진하겠습니다."

-얼마 전 개헌 문제를 제기했던데.

"대통령과 국회가 너무 과도한 권한을 행사하는 현행 제도를 보완할 필요가 있지요. 제가 제왕적 대통령제의 폐해를 막기 위해 대통령의 권한을 축소하고, 지방정부 권한을 강화하는 분권형 개헌을 올 초 제안한 것도 이런 취지 때문입니다. 여소야대 정치 구도에 따른 국정 혼란을 해소하기 위해 중대선거구제와 양원제를 도입해야 합니다. 현행 국회의원 선거 제도에서는 국민의 의사가 굴절될 수밖에 없어요. 지난해 총선에서 민주당과 국민의힘 지역구 득표율 차는 5.4%포인트에 불과하지만, 민주당(161석)은 국민의힘(90석)보다 무려 71석이나 많이 가져갔습니다. 이런 제도는 우리나라처럼 이념적 대결이 극심한 나라에서는 더더욱 큰 혼란을 초래합니다."

-만약 조기 대선이 치러진다면 도전할 수도 있나요?

"위기에 빠진 대한민국, 잘못된 것을 바로 세워 나라를 바로 만들어 가겠다는 신념은 확고합니다. 제가 무슨 역할을 할 수 있는가를 고민하고 있습니다. 저는 2025년 들어 '부위정경(扶危定傾)'이라는 사자성어로 새해 다짐을 세웠습니다. 위기를 맞아 잘못됨을 바로잡고, 나라를 바로 세운다는 뜻입니다. 어떤 게 나라를 위해 바람직한지, 제 스스로에게 당당한 일인지를 잘 판단해 대처하겠습니다."

"민주당과 이재명 대표를 심판하는 시간 온다"

-한국의 보수가 책임 있는 국정 운영의 주역으로 거듭나는 데 필요한 새 리더십의 요체를 설명한다면?

"우선 능력이 있어야 합니다. 대중의 인기를 끄는 능력이 아닌, 국가를 경영하고 관리할 능력 말이죠. 요즘 '초보 정치'의 후유증을 말하잖아요. 경험 부족, 역량 부족은 한계 상황과 맞닥뜨리게 마련입니다. 또 세상을 보는 균형 잡힌 시각도 중요하지요. 다시 말해 일에 대한 역량, 신념, 가치관, 애국심을 두루 겸비한 지도자를 대한민국은 필요로 하고 있습니다. 지금 그렇지 못한 이들이 오히려 기세등등합니다. 그래서는 안 되는 거죠. 누구든 허물은 있겠지만, 국가 지도자가 돼서는 안 되는 허물을 가진 사람이 다음 지도자 반열의 중심에 있어서는 곤란합니다."

-만약 조기 대선이 치러진다면 야당에 기울어진 운동장에서 선거가 치러질까요?

"페이스북에도 제가 올렸지만, 민주당과 이재명 대표에 대한 심판의 시간이 오고 있습니다. 국민께서 그걸 알아요. 야당은 지지도 못지않게 혐오도, 비호감도도 굉장히 높잖아요. 국가 경영 능력에는 책임감, 지식, 지혜, 균형 감각뿐 아니라 그에 걸맞은 자질과 품성이 포함돼요. 이건 (식별하기) 어려운 것이지만, 사실 사람을 자세히 뜯어보면 알 수 있습니다. '이 사람은 이건 되고, 저건 안 되는 거구나'하고 말이죠. 말로는 얼마든지 '잘한다', '잘하겠다'고 할 순 있겠지요. 그런데 말은 허울뿐이고, 말 따로, 행동 따로인 경우가 많다는 걸 우리는 경험으로 알고 있습니다. 결국 그 사람이 살아온 과정을 보고 평가할 수밖에 없어요. 진정성을 외친다고 진정성이 만들어지나요. 진실과 정의의 문제는 그가 살아온 과정이 얘기해주는 겁니다."

-일부 여론조사에서는 윤석열 대통령과 국민의힘 지지율이 급상승하기도 합니다. 대선에서 보수에 도움이 될까요?

"지금 우리 사회는 진실의 영역이 아닌 진영의 논리가 지배하고 있습니다. 그런데 현실을 부정해서도, 진실을 외면해서도 안 되는 게 세상의 이치 아닌가요. (탄핵 반대 집회가 열리는) 광화문, 용산에 가시는 보수 진영 시민들의 그 애국심을 저는 참 존경합니다. 모두

다 나라 걱정하는 마음이죠. 하지만 우리가 진영 논리에 갇혀 버리면 그다음 벌어질 일이 걱정입니다. 진영이 아니라. 진실, 정의, 미래에 초점을 맞춰야 한다고 강조하는 이유입니다. 우리가 정신을 바짝 차려야 좋은 세상도 만들고, 적어도 최악의 세상은 면할 수 있는 겁니다. 우리는 '진실의 눈'을 가져야 합니다. 단순히 진영의 논리, 갈등의 논리로는 어려워요. (탄핵 반대 집회에 나가는) 이분들은 존중받아야 하고, 고맙기도 합니다. 그런데 그런 한계로 인해 다수 국민의 지지를 다 받기는 어려운 것도 사실입니다. 우리는 있는 그대로 받아들이고, 반성하고, 성찰해야 합니다."

"지금은 국민 불안 해소하는 데 집중할 때…인천發 맞춤정책, 韓 경제·인구문제 실마리 제공"

〈신동아 2025년 2월호〉

시도지사협의회 회장 추대…중앙정부와 '2인3각'
사람에 충성하지 않는단 尹 말 믿었는데…
계엄령 선포는 잘못, 책임 있는 조치 필요
'의회 폭거' 이재명 민주당 심판받아야
어려울 때일수록 '묘수' 찾아선 안 돼…정면 돌파해야
실질적인 역할하려면 '총체적 권력분립형 개헌' 필요
정부 보조금 아닌 주도적 예산 편성·집행해야
인천 경제성장률 4.8%…2년 연속 '1위'
출생아 수 전년 동기 대비 8.6% 증가 '1위'
주택·양육 부담 덜어주는 '통합 맞춤 정책' 효과

정치는 말(言)의 전쟁이다. 말로 유권자들을 설득해 권력을 획득하고, 말로 상대 당을 설득해 법을 만들고 정책을 집행한다. '주무기'가 말인 전장(戰場)이니 정치인들은 말을 칼처럼 휘두른다. 현안이 생기면 즉각 날카롭게 상대를 공격하며 지지자들의 호감을 얻는 정치인도 있고, 지지자나 유권자들이 좋아할 만한 말을 하며 인기를 얻는 사람도 있다.

그런 점에서 유정복 인천시장은 기존 정치인들과는 사뭇 다른 길을 걸었다. 거친 말 대신 묵묵히 일과 실적으로 설득에 나선다. 지난해 12월 3일 윤석열 대통령의 비상계엄 선포로 온 나라가 흔들릴 때도 그는 긴급 대책회의를 열어 "지역 안전과 시민 생업에 지장이 없도록 만전을 기해 달라"고 주문했다.

'일 중심'은 공무원 출신이라는 그의 DNA 때문일지도 모른다. 그는 1979년 제23회 행정고시에 합격한 뒤 군수, 시장, 장관에 3선 국회의원을 지내며 대한민국 공직을 모두 경험한 몇 안 되는 인물이다.

2014년 14대 인천시장에 취임해선 고질적인 인천시 부채(13조7000억원)를 해결했고, 2022년 16대 시장 취임 이후에는 2년(2023~2024) 연속 지방자치단체 경제성장률 1위를 기록했다.

그래서일까. 탄핵 정국으로 어수선하던 지난해 12월 17일 그는 전국 시·도지사 만장일치로 대한민국시도지사협의회 회장에 추대됐다. 대통령에 이어 권한대행(한덕수 국무총리)마저 탄핵되면서 중앙정부와 보조를 맞춰야 하는 협의회 역할은 더욱 커졌다.

지난해 4월 한덕수 국무총리가 총선 패배의 책임을 지겠다며 사의를 표명하자 유 시장이 차기 국무총리 하마평에 오르내리기도 했다. 지난 인천시장 선거 때도 그렇고, 보수 정권이 위기를 맞을 때면 종종 그에게 중책을 맡겼다. 당시 유 시장은 "총리에 대해 전혀 생각하지 않고 있다"고 선을 그었다.

일을 쫓다 보니 때 아닌 비판을 받기도 했다. 윤 대통령의 계엄 선포에 대해 국민의힘 소속 다른 시장들(오세훈 서울시장, 박형준 부산시장, 홍준표 대구시장)은 계엄을 비판하는 논평을 내는데 유 시장은 언급하지 않는다고 민주당 인천시당은 논평을 냈다.

1월 10일 인천시청에서 만난 유 시장은 "혼란스러운 정국에서 나라와 국민을 위한 방향을 찾느라 장고를 했다"며 "인천시 현안 해결에 집중하다 보니 중앙 정치에는 크게 관심을 두지 않았다"며 입을 열었다. 다음은 그와의 일문일답.

-계엄령 선포 이후 한 달여가 지났지만 여전히 어수선한 탄핵 정국이 이어지고 있다.

"그렇다. 윤 대통령의 계엄령 선포와 탄핵은 심히 안타깝고 유감스럽다. 탄핵 정국이 장기화하며 내전에 가까운 갈등 양상이 지속되고 있다. 대통령 거취나 탄핵 정쟁보다는 지금은 국민 불안을 해소하는 일에 집중해야 한다."

-윤 대통령의 거취는….

"탄핵안이 국회를 통과했고, 이제 공은 헌법재판소로 넘어갔다. 대통령 거취는 법이 정할 일이다. 보수정당은 다른 일을 해야 한다. 지금의 파국은 국회를 장악한 더불어민주당과 이재명 대표의 책임도 있다. 계엄령 선포 전에도 국정은 어려웠고, 민생 법안은 국회를 통과하지 못하고 공전하지 않았나. 행정부의 개혁안도 국회의 벽에 막혀 넘지 못했다. 탄핵 정국에 들어서자 민주당은 이미 대권을 쥔 것처럼 행동하고 있다. 의회 폭거로 지금의 사태를 야기한 민주당과 이 대표도 심판받아야 한다."

-어쩔 수 없이 계엄령을 선포했다는 주장처럼 들린다.

"민주당의 폭거와는 무관하게 윤 대통령의 계엄령 선포는 명백한 실책이다. 이 부분에 대해서는 책임 있는 조치가 필요하다."

-윤 대통령 탄핵에 대해서는 어떻게 보나.

"헌재에서 탄핵이 인용될 가능성이 높아 보이나, 탄핵의 적법성을 두고 다양한 견해가 있다."

-유 시장은 2021년 10월 24일 당시 윤석열 대선캠프 공동 선대위원장을 맡았다. 후보 시절 그는 어땠나.

"윤 대통령과는 잘 아는 사이가 아니었다. 윤 대통령이 후보 시절에 도움을 요청했고, 당시 대선후보 중 윤 대통령이 차기 대통령으로 가장 적합하다고 생각해 선대위원장을 맡았다. 그는 '사람에게 충성하지 않는다'는 말로 잘 알려진 만큼 법치와 상식을 지킬 것이라 생각했다. 결과론적 이야기지만, 그런 부분(법치와 상식)이 지켜지지 않은 것 같아 아쉽다."

-지난해 12월 9일 국민의힘 시도지사협의회는 대통령 탄핵 대신 '2선 후퇴론'을 주장했는데.

"정치상황이 급변하면 생길 사회·경제적 타격을 생각해 탄핵만은 피하자는 주장을 했지만 3일 뒤(12월 12일) 이 주장을 철회했다. 국민 불안을 불식하고 국가 경쟁력 저하를 막기 위해서는 2선 후퇴는 불가능하다."

-법적 책임을 지겠다던 대통령은 체포에 불응하고 있는데(공조수사본부는 인터뷰 이후인 1월 15일 윤 대통령에 대한 체포영장을 집행했다).

"정치지도자는 어떤 일이든 (자신의 행동에 따른) 결과에 책임을 져야 하고, 처절하게 반성하는 모습이 필요하다. 그리고 그 이후에 (국민에게) 진솔하게 자신의 행동 이유를 설명해야 한다고 본다. 물론 개인의 법률적 잘잘못이나 판단 착오 문제를 이야기하는 것은 아니다."

-윤 대통령과 여당 지지율이 오르는 여론조사 결과가 나오고 있는데.

"보수 지지층의 위기감이 지지율로 표출된 것이다. 야권이 권력을 쥐는 일은 막겠다는 절박함에 보수 지지층이 결집한 것으로 본다. 불리한 여론 지형을 바꾸려면 중도층을 설득해야 하는데, 현재의 여당 전략으로는 쉽지 않다."

-여론 지형을 바꿀 '묘수'가 있을까.

"불리한 형국에서는 묘수를 찾아선 안 된다. 불리할수록 정석으로 돌아가야 한다. 여당이 처한 난관을 정면으로 돌파해야 한다. 그렇다면 지금 여당은 어떻게 국정을 바꿔나갈지를 제시해야 한다. 막강한

의회 권력을 쥔 야당 때문에 쉽지 않은 형국이지만, 이 어려움을 극복해야 여당에 다시 미래가 있다."

-헌재 결정에 따라 조기 대선이 열릴 가능성이 높다. 홍준표 대구시장은 차기 대선 출마를 선언했고, 범보수 후보들도 '정중동' 행보인데.

"정치인이라면 자신을 생각하는 게 아니라 나라를 생각해야 한다. 내가 어떤 자리에 오르고 싶다고 해서 도전해서는 안 된다. 국민이 날 필요로 할 때 비로소 그 자리에 가게 되는 것이다. 지금은 국가 위기를 바로잡는 일에 집중할 생각이다. 인천시장이자 한 명의 정치인으로서 해야 할 일을 다하겠다."

-그래서 다른 시·도지사들과 달리 정치 현안에 대해 말을 아끼는 거 같다.

"정치인은 일단 맡은 바 소임을 다해야 한다. 인천시장인 나는 주로 인천 시정에 대해 언급하고 시민들을 살펴야 한다. 소임을 다하지 않고 정치적 발언만 한다면 이는 정치적 이해관계만 좇는 꼴이 된다. 정치적 언급을 하지 않을 수 없는 상황이 생기면 적극적으로 견해를 밝히고 있다. 물론 나의 정치적 역할이 필요하다면 직접 나설 생각도 있다."

-직접 나선다면 어떤 역할을 할 생각인가.

"나는 시도지사협의회 회장이고, 협의회는 대한민국 지방정부를 대표하는 자리다. 17개 시도가 모이면 그게 국가 아닌가. 협의회장으로 일하며 국정 안정과 민생 경제 회복, 지방분권 강화에 힘쓰겠다."

-지금의 지자체는 보조금 집행만 할 뿐

인터뷰는 지방분권과 개헌으로 향했다. 유 시장은 1월 2일 인천시청에서 열린 기자간담회에서 "차기 대선 이전에 대통령 권한을 축소하고 지방분권을 강화하는 개헌을 추진해야 한다"고 밝힌 바 있다.

-지방분권을 위한 개헌이 필요하다고 보나.

"정확히는 '총체적 권력분립형 개헌'이 필요하다. 지방분권 외에도 한 곳에 집중된 권력을 분산할 필요가 있다. 대통령 권한은 물론이고, 국회 권한도 일부 조정이 필요하다."

-국회의 권한을 축소해야 한다는 주장은 다소 생소하다.

"대통령이 권한을 사적으로 휘두르면 정국이 위험에 빠지는 것처럼, 국회가 권한을 잘못 휘두르면 국가에 혼란이 온다. 여소야대 정국에서 국회가 정치권력을 남용하면 정권을 무력화할 수도 있다."

-국회 권한을 축소할 방법은 있나.

"국회 권한을 상원과 하원으로 나누는 '양원제'를 도입하면 일부 가능하다. 국회 권한을 상원과 하원으로 나눠 서로 견제할 수 있는 구도를 만든다면, 지금과 같은 전횡이 벌어질 가능성은 낮다. 이외에도 다양한 방식을 통해 국회가 더 민의를 반영할 수 있도록 제도를 고쳐나가야 한다."

-지금의 국회는 민의를 제대로 반영하지 못한다고 생각하나.

"국회의원 선출 방식부터 고쳐야 한다. 전국 당 지지율과는 무관하게 의석이 배분된다. 영호남의 경우 투표의 의미가 약하다. 공천은 곧 당선으로 이어진다. 지금의 선거로는 국회의원 선출부터가 민의를 반영하지 못한다. 중대선거구제(한 지역에서 여러 명의 의원을 뽑는 방식)의 도입을 고려해 봐야 하는 시점이다."

-지방분권은 어떤 방식으로 이뤄져야 한다고 생각하나.

"'답은 현장에 있다'는 말이 있다. 정책도 마찬가지다. 복지, 사회 안정에 관한 관련 정책의 효과를 가장 먼저 확인할 수 있는 현장이 지자체다. 정부가 각 지자체의 상황을 고려해 정책을 짜기는 어렵다. 각 지자체가 직접 정책을 수립하고 예산을 집행할 수 있어야 한다."

-지금도 지자체가 직접 정책을 내놓고 있다.

"지자체 정책 중 대부분이 중앙정부의 보조금을 바탕으로 진행된다. 실질적으로 지자체는 중앙정부 보조금을 각자의 상황에 맞게 집행하는 역할만 할 뿐이다. 지자체가 주도적으로 문제를 파악하고 이를 위한 예산을 편성·집행하기는 어려운 구조다."

유 시장은 기자에게 불쑥 질문을 던졌다. "세계에서 수도를 '특별시'라고 부르는 나라가 한국 외에 몇 곳이나 있을 것 같나."

글쎄…몇 곳이나 되나.

"없다(웃음). 그나마 북한과 중국에 유사한 명칭은 있다. 과거 북한이 평양을 특별시라 불렀지만 지금은 직할시다. 개성특별시가 있지만 이는 수도가 아니다. 중국도 수도 베이징을 상하이, 톈진, 충칭과 함께 '직할시'로 부른다."

-'특별시'라는 명칭이 지방분권을 해친다고 보나.

"서울특별시 외에도 강원특별자치도, 전북특별자치도, 세종특별자치시, 제주특별자치도 등 수많은 특별한 지역이 생겼다. 명칭만 보면 다른 지역보다 더 큰 권한을 가지고 있는 것처럼 보인다. 하지만 실상은 그렇지 않다. 굳이 '특별'이라는 이름을 써서 위화감을 조성할 필요가 있을까."

유 시장은 1979년 제23회 행정고시에 합격한 뒤 1994년 관선 김포군수로 지자체장 경력을 시작했다. 이후 1995년 제 1회 전국동시지방선거에서 무소속으로 김포군수에 출마해 당선했고, 1998년 김포군이 시로 승격된 뒤 4년간 김포시장직을 맡았다. 이후 김포에서만 내리 3선 국회의원을 지냈다. 2014년 인천시장에 당선했고, 2022년 인천시장에 재당선했다. 지자체장 경력만 16년이다.

-김포군수로 지자체장 경력을 시작했는데, 지역에 연고가 있나.

"아무런 연고도 없었다. 앞서 관선 김포군수를 지내며 지역 주민들이 나를 필요로 했다. 나는 주민 요구에 응답했을 뿐이다. 2014년 인천시장을 처음 맡았을 때도 마찬가지다. 당시 3조 원이 넘는 인천시의 부채를 해결할 사람이 필요했다. 내가 적임자라는 정치권과 지역 여론에 따라 당시 (안전행정부) 장관 자리를 내던지고 출마를 결정했다. 당에서는 전략공천을 이야기했지만 나는 인천시장 후보 경선을 요구했다."

-왜 그랬나.

"당내 후보 경선조차 통과하지 못하면 시장으로 나설 자격이 안 된다고 생각했다. 전략공천을 해서 누군가의 정치 도전 기회를 막고 당의 도움을 받아 정치할 생각은 그때나 지금이나 전혀 없다."

정치적 부채가 적어서일까. 유 시장은 여당의 지자체 정책에 대해 쓴소리도 아끼지 않았다. 2023년 10월 김기현 국민의힘 대표가 김포시의 서울 편입을 당론으로 추진하겠다고 나서자 유 시장은 반대 의견을 피력했다.

"김포시 서울 편입은 애초에 불가능한 일이었다. 편입을 하려면 기초의회와 광역의회를 거치고 주민 동의도 얻어야 하는데 당시는 의견수렴절차도 제대로 거치지 않은 상태였다. 2024년 3월 총선을 위해 내세운 공약이었지만 그야말로 '공약(空約)'이라고 생각했다."

-결국은 해당 행위를 한 셈인데(웃음).

"내가 김포에서만 20년 가까이 지낸 사람이다. 지키지 못할 약속이라는 것을 아는데 조용히 넘어갈 수는 없지 않나. 당장 선거가 있다고 해서 정치적 유불리를 따져 공약을 해서는 안 된다."

-13조가 넘는 인천시의 부채는 어떻게 해결했나.

"처음 인천시를 맡았을 때는 암담했다. 빚이 너무 많았다. 하루 이자만 12억 원에 달했다. 예산 대비 채무 비율이 40%에 달했다. 사실상 정상적 재정 운용이 불가능했다. 해결 과정을 다 이야기하려면 오늘 하루가 모자랄 정도다(웃음). 원칙을 세우고 그에 맞춰 재정을 운영해야 한다."

-당시 인천의 재정을 운영하며 가졌던 원칙은 뭔가.

"재정 관리에만 몰두해서는 부채를 감당할 수 없었다. 시의 지출을 졸라매는 동시에 경제성장을 위한 노력을 아끼지 않았다. 경제가 성장해야 세수(稅收)가 늘고 부채 해결이 가능하다. 동시에 인기를 얻기 위해 무분별한 복지정책을 펴는 일도 없어야 한다. 불필요한 복지는 건전재정에 무척 위험하다."

지자체 성공이 곧 국가의 성공,

그래서일까. 인천시는 지자체 중 가장 높은 경제성장률을 기록하고 있다. 지난해 12월 통계청이 발표한 '2023년 지역소득(잠정) 추계' 결과에 따르면, 인천의 실질 경제성장률은 4.8%로 전국 지자체 중 가장 높다. 이는 지난해 전국 평균 경제성장률 1.4%를 크게 웃돈다. 같은 조사에서 인천의 지난해 명목 지역내총생산(GRDP)은 117조 원으로 서울(548조 원) 다음이었다.

유 시장은 "인천 경제성장의 비결은 '인구'"라고 귀띔했다. 늘어난 인천시의 인구가 경제성장의 원동력이 됐다는 이야기다.

-인천의 인구가 얼마나 늘었나.

"2023년 기준 인천시 주민등록인구는 약 300만 명으로, 2022년 대비 3만 명가량 늘었다. 대도시 중 유일하게 인구가 늘어나는 추세다."

-인구가 늘게 된 원인은 무엇인가.

"일단 출생아 수가 크게 늘었다. 지난해 1~9월 인천에서만 1만 1326명의 아이가 태어났다. 전년 동기 대비 8.6% 증가한 수치로, 전국 출생아 수 증가율 1위였다. 같은 기간 전국 출생아 수 증가율은 0.7%였다. 다른 지자체에 비해 그만큼 빨리 인구가 늘었다. 합계출산율도 0.8명으로 전국 합계출산율(0.72명)에 비해 높다."

–저출생 문제는 대한민국의 초고령화사회 진입과 맞물려 국가적 과제가 됐다. 정부는 천문학적 예산을 쏟아붓고, 각 지자체는 다양한 저출생 정책을 내놓지만 성과는 미미하다. 인천의 정책이 궁금하다.

"인천형 저출생 정책 1호인 '아이 플러스 1억드림'이 주효했다. 인천에서 태어난 아이가 만 18세가 될 때까지 생애주기에 맞춰 총 1억 원을 지급하는 정책이다. 신혼부부 주거 안정을 위해서는 하루 임대료가 1000원에 불과한 '천원주택'을 공급하고, 주택담보대출 이자 1.0%를 추가로 지원하는 주거정책 '아이 플러스 집드림'도 함께 시행하고 있다. 집에 대한 부담과 양육에 대한 부담을 함께 덜어 줘야 한다."

–인천시의 재정 부담이 클 것 같은데.

"그렇지 않다. 인천시내 군·구와 재정 분담 협의를 거쳐 부담을 최소화했다. 동시에 각 군·구에서 산발적으로 시행하던 출산장려금을 없애고, 인천시가 통합 관리하며 지원 대상을 확대했다. 들어간 돈이 그렇게 많은 편도 아니다. 인천시 한 해 예산이 15조 원 정도인데, 출산장려사업으로 편성한 예산은 717억 원 정도다. 인천시 예산의 0.5%도 되지 않는다.

–주택과 양육 부담을 동시에 줄여주고, 기초단체들이 산발적으로 시행하던 출산장려책을 종합적으로 묶어 시행·관리하는 게 인상적이다. 정부나 다른 시·도에서도 벤치마킹할 필요가 있겠다.

"정부나 타 시도에서도 문의를 해오기도 한다. 시도지사협의회를 통해 이러한 성공 사례를 전국으로 확대하려고 힘쓰고 있다. 말씀한 대로 저출생은 국가 존립을 결정하는 중대사이기 때문이다."

　-인구 증가나 경제성장을 위해서는 출산 장려만큼 중요한 게 청년인구 유입인데.

　"그렇다. 그 부분이 고민이다. 인천에서 더 좋은 일자리를 찾기 위해 서울이나 경기권으로 이동하는 청년이 많다. 이들이 인천을 떠나지 않고 이곳에서 좋은 일자리를 찾을 수 있도록 일자리 창출에 열중하고 있다. 지역 기업에 근무하는 근로자에게 월세·교통비 등을 지원하고, 각종 장려금 제도를 통해 신규 인력 유입과 장기근속을 도모하고 있다."

　인터뷰 초반, 탄핵 정국에 대해 이야기할 때만 해도 유 시장의 얼굴은 굳어 있었다. 하지만 지자체 분권과 인천시 정책에 대해 말할 때는 그의 표정이 밝아졌다. 지역의 문제를 제대로 진단하고 종합적인 해결책을 찾아 처방하는 데에서 그는 큰 보람을 느끼는 거 같았다. 유 시장은 인터뷰를 마치며 다음과 같이 말했다.

　"지자체의 성공은 곧 국가의 성공으로 이어진다. 인천시의 작은 성공이 전국 17개 광역단체로 퍼진다면 대한민국도 정치적 위기를 딛고 경제성장과 인구문제라는 국가적 문제를 해결하는 실마리를 찾을 수 있다.

## '유정복표' 지방분권형 개헌…"경제·대한민국 살리는 개헌"

〈MBN 뉴스와이드 2025. 3. 8.〉

차유나 앵커: 어제 국회에서 지방분권형 대토론회가 열렸습니다. 유정복 인천시장이 참석해서 개헌을 주장했는데요 직접 스튜디오에 모시고 개헌안에 어떠 내용이 담겼는지 들어보겠습니다.

김형오 앵커: 윤 대통령 구속 취소 법원 결정에 대해 검찰이 수뇌부는 즉시항고를 포기해라 대통령을 바로 석방하라고 지휘를 했는데요 수사팀에서는 항고를 좀 해 볼 필요가 있지 않겠느냐면서 지휘부 의견을 듣지 않고 있습니다. 어떻게 보십니까?

유정복 : 법원의 구속취소 결정은 두가지(쟁점) 아닙니까? 첫째는 구소 기한 종료 이후에 기소를 했다 둘째는 공수처가 내란죄에 대한 수사권이 없는데도 구속기소를 했다. 이 두가지인데요, 즉 검찰과 공수처가 경쟁적으로 수사를 하다 빚어진 일인데요. 특히 공수처가 내란죄에 대해 수사권한이 없는데 수사한 것은 마치 치과 의사가 심장 수술을 한 꼴이다. 검찰과 공수처가 책임을 져야할 부분인데 이란 상황까지 온 것은 문재인 정부에서 졸속으로 설립된 공수처에 문제가 있다고 보고 해체해야 된다고까지 생각을 하고 있습니다.

차유나 앵커: 지역 현안에 대해서도 묻겠습니다. 인천시 저출생 정책 중 하나인 천원주택이 굉장히 화제였잖아요. 입주자 모집을 시작

했는데 첫날부터 반응이 뜨거웠다고 하더군요?

유정복 : 어제 그제(3월 6-7일) 이틀 동안 접수를 받아보니까 천 명이 넘는 접수자가 쇄도했는데요 그만큼 천원주택에 관심과 인기가 크다는 얘기죠.천원주택은 하루 천 원 즉 월 3만원으로 7년차 이하 신혼부부에게 제공하는 주택입니다. 얼마나 저렴합니까?

민간주택을 임대할 경우 월평균 76만이 드는데 3만원이니까 선풍적이 인기를 끌고 있습니다. 인천에서는 대한민국의 가장 심각한 저출생 문제 극복을 위해 2년 전부터 아이(i)플러스 1억드림, 아이플러스 집드림 등 시리즈 정책을 추진하고 있는데 실질적인 성과를 내고 있습니다. 지난해 인천에서 태어난 출생아 수가 1년전 대비해서 무려 11.6%가 늘었습니다.

대한민국에서 압도적 1위를 기록했는데 인천의 저출생 정책이 성공하고 있다는 것을 숫자로 보여주고 있습니다. 앞으로는 중앙정부가 이런 정책을 제대로 이해하고 중앙정부 정책으로 발전시켜야 한다고 보고요 이를 위해서라도 분권형 개헌이 필요하다 이렇게 생각을 합니다.

김형오 앵커 : 분권형 개헌이 어떤 건가요?

유정복 : 우리나라는 대통령과 중앙정부 또 국회까지 포함해 너무 과도한 권력과 권한을 갖고 있습니다. 중앙정부 권력이 적정하게 지방에 분산될 때 각종 사회적 국가적 문제를 막을 수 있고 진정으로 주민들이 체감도 높은 주권을 행사할 수 있고 국가 성장 발전도 이

룩해 나간다. 이게 지방자치의 본래 뜻이라고 봅니다.

차유나 앵커: 어제(3월 7일) 국회 대토론회에서 개헌 얘기를 하신 걸로 알고 있는데 어떻게 뭘 고쳐야 된다고 보시는 건가요?

유정복 : 다른 많은 분들이 개헌에 대해 주장하지만 실질적으로 안을 전부 만든 건 제가 처음인 것 같습니다. 헌법 전문부터 부칙안까지 개정안을 다 만들었는데요. 우선 지방자치가 제대로 되기 위해서는 자치 입법권, 재정권, 조직 인사권 이런 부분을 갖도록 하고 또 하나는 국가권력을 합리적으로 분산시켜 나기기 위해서는 대통령 권한이 적정하게 조정돼야하고 의회권력도 너무 과도해서 이런 정치적 혼란이 초래된 만큼, 의회독재다 의회폭거다 이런 얘기가 나오는데 제도적 장치로서 양원제와 중대선거구제로의 전환을 제가 제시한 겁니다.

김형오 앵커 : 헌법 84조가 얘기가 많이 되는데요 이 조항은 대통령은 내란·외환죄 외에는 형사소추를 당하지 않는다는 규정인데 조기대선이 치러질 경우 여러 가지 재판을 받고 있는 이재명 대표를 겨냥해서 개헌안에 넣으신 건가요?

유정복 : 설명을 드리자면 헌법 84조 규정이 재임 중 형사소추를 받지 않는다고 돼있는데 이게 재임 중에 발생한 형사사건을 얘기하는 건지 아니면 재임이전에 발생한 것도 포함이 되는 건지 불명확하기 때문에 법의 흠결을 치유해서 법적 안정성을 꾀하는 게 좋은거 아니냐해서 문제를 제기한 건데 민주당 소속 시도지사들이 불편한

얘기를 하네요. 그런데 이건 앞으로 국회와 정치권에서 논의를 해나가면 될 일이다 봅니다. 지금 공수처에서 내란죄를 수사할 수 있느냐 없느냐 하는 것도 논란이 되는 것은 결국 법에 명시적 규정이 없기 때문에 빚어진 일 아닙니까?

그래서 이런 상황을 막기 위해서 헌법에 명시적으로 대통령은 재임 중 발생한 형사사건에 한해 소추받지 아니한다라고 명확하게 규정하자는 것입니다.

차유나 앵커 : 차기 대통령 임기는 3년으로 하고 그 다음부터는 4년 중임제로 가자는 얘기도 많은데 시장님도 동의하십니까?

유정복 : 제가 부칙 조항에 넣은 건데요. 이번에 개정된 헌법에 의해 선출되는 최초 대통령의 임기는 2028년 5월까지로 하자. 총선과 대통령 선거 주기를 맞춰서 정국의 안정을 기하는 거죠. 지금 대통령 선거와 총선 주기가 달라서 극심한 여소야대 현상을 초래할 수 있고 이게 국정의 불안정을 가져오고 있죠. 그리고 헌법 본문에는 4년 중임제로 하되 최초의 대통령은 다음 총선 때까지로 임기를 제한해서 3년만 할 수 있도록 했습니다. 대통령께서 탄핵이 인용될지 기각이 될지는 확정된 바는 없지만 탄핵심판 결과와 무관하게 개헌은 이뤄져야 한다고 봅니다.

김형오 앵커 : 여야를 막론하고 거의 대부분이 개헌안에 동의를 하고 있는데 딱 한분, 야권에서 이재명 대표만 명확하게 답을 하지 않고 있죠?

유정복 : 이재명 대표는 지금 개헌을 하면 빨간넥타이만 좋아하기 때문에 안된다고 그랬는데 그건 사실 틀린 말입니다. 지금 정대철 헌정회장님을 비롯해서 우원식 국회의장, 이낙연 전총리, 김부겸 전총리, 정세균 전총리를 비롯해 총리 국회의장 당대표를 지낸 모든 분들이 개헌을 해야하고 지금이 적기라고 얘기하고 있거든요, 그러니까 이재명 대표가 얘기한 빨간넥타이만 좋아한다는 말은 틀린 얘기입니다.

차유나 앵커: 양원제 문제도 있고 중대선거구제 문제도있는데 하나같이 큰 이슈여서 사실 원포인트 개헌도 힘든 상황인데 이게 가능할까요?

유정복 : 이재명 대표가 빨리 개헌논의에 참여하면 크게 문제가 안된다고 봅니다. 내각제냐 대통령제냐 이런 부분은 지금 해결하기가 어렵습니다. 국민정서도 감안해야 되기 때문에. 그러나 지금 국회의 과도한 권력을 막기 위해서 양원제나 중대선거구제가 필요하다는 것은 공감할 수 있습니다. 17개 시도지사들도 이런 부분에 대해서는 대체로 공감하고 있습니다. 그래서 이재명 대표가 바로 개헌논의에 동참하게 되면 한달여 만에도 개헌은 가능하다는 것이 정대철 헌정회장이 여러차례 얘기하고 있습니다

김형오 앵커 : 최근에 이재명 대표가 차기 대통령 집무실을 세종으로 이전하는 것을 검토해봐라 이런 얘기를 했어요. 행정수도 이전과 연결이 되고 이러면 또 개헌이 필요한 거 아닌가요?

유정복 : 이재명 대표가 이걸 아는지 모르겠어요. 수도에 관한 부분은 지금 어디에도 명시돼 있는 바가 없어요. 이것도 우리 법 흠결 가운데 하나인데요. 노무현 대통령이 행정수도 이전을 하려고 했는데 헌법재판소에서 위헌 판결을 했어요. 서울은 관습법상의 수도이기 때문에 수도이전을 하려면 헌법을 개정해야 된다 이렇게 한 겁니다. 그래서 수도 이전을 하려면 헌법을 개정하거나 아니면 헌법에 수도에 관한 법률을 명시할 수 있도록 근거 조항을 해놔야 되는 겁니다. 제가 이번에 제시한 헌법 개정안에는 수도와 관련한 규정을 법률로 명시하도록 했기 때문에 향후 헌법 개정을 하지 않고도 수도이전을 할수 있도록 한 것입니다. 이재명 대표는 이 부분을 잘 모르시는 것 같습니다.

차유나 앵커 : 행정부처 조직 문제도 얘기를 하셨는데 각 부처가 열심히 하지만 뭔가 효율성이 떨어진다 이렇게 느끼시는 부분이 있는 것 같습니다.

유정복 : 저도 중앙부처에 근무해 봤고 또 두 개 중앙부처 장관을 지낸 사람이기 때문에 정부가 큰 역할을 해서 오늘의 대한민국을 만든 건 잘 알고 있습니다. 그런데 이제 시대가 바뀌었다는 걸 말씀드리는 거죠. 과거 내무부와 행정안전부 그리고 기획재정부 이들 부처가 중심이돼서 오늘의 압축적인 경제성장 발전을 이룩했습니다. 그 때는 개발 만능 시대이고 그때의 권한을 행사하는 걸로는 더 이상 국가발전을 이룩하기 어렵다는 것이죠. 이제는 거의 해체수준으로 하고 미래전략을 논하는 그런 부처로 거듭나야 한다는 겁니다. 이게 제가 진단하는 대한민국의 미래입니다. 교육부도 지금 우수한 인재

양성에 역할을 한 건 틀림없지만 이제는 창의적인 미래형 인재를 육성해 나가는 전략적인 역할을 해야 한다고 봅니다. 수험생을 1등에서 50만등까지 서열화하는 수능시험 관리하는 부처 기능을 해서는 안된다고 봅니다. 그런 의미에서 교육부도 해체수준으로 혁신적으로 개편해야 된다는 것이 저의 생각입니다.

김형오 앵커 : G3 글로벌 3강 국가로 나가는 비전도 제시하셨죠?

유정복 : 미국의 포브스지와 US뉴스앤월드리포트지에서 한국을 세계에서 여섯 번째로 강한나라로 2년연속 선정했습니다. 정말 대단한 나라죠. 그런데 우울한 부분도 많죠. 자살률과 빈곤율이라든지. 이런 부정적인 부분을 극복하고 앞으로 나아가기 위해 분권형 개헌과 같이 정치구조를 전면적으로 개편해서 이제는 새로운 미래를 준비하는 대한민국이 돼야 합니다. 저는 우리가 G3 국가로 충분히 갈 수 있다고 믿습니다. 이를 위해서는 결국 제도적인 정비가 필요하다고 봅니다

차유나 앵커 : 정치인이 가져야할 덕목이나 자질은 어떤 게 필요하다고 보십니까?

유정복 : 제가 오래 공직생활을 하고 정치 현장에 있으면서 느끼는 바로는 결국 세상을 발전적인 방향으로 만들어가는 것은 사람과 제도라고 봅니다. 그 제도가 지금 말씀드린 개헌과 법률의 문제이고 또 이를 만드는 건 사람아닙니까?. 저는 그런 의미에서 사람이 중요하다고 봅니다. 국가지도자에게 가장 중요한 건 여러 가지가 있겠지

만 무엇보다 능력이라고 봅니다. 능력없는 어설픈 느낌만으로 국정 운영이 어렵다고 봅니다. 두 번째가 도덕성이고 세 번째가 국민통합 능력이라고 봅니다. 또한 정치인이 말로는 무슨 말인들 못하겠습니까?. 중요한 건 그동안 어떻게 살아왔는가 하는 과정이 중요하고 또 어떤 성과를 내왔는가? 그것으로 평가할 수 밖에 없지 않느냐? 그게 제가 드리고 싶은 말씀입니다.

김형오 앵커: 앞으로 좋은 정치 지도자가 돼 주시기를 바랍니다.

# 유정복 "시도지사들, 분권형 개헌 100% 찬성… 헌법 84조 일부 이견"

〈YTN 라디오 뉴스파이팅 2025. 3. 5〉

- 지금이 개헌의 적기…중앙정부 과도한 권력 분산해야

- 중대선거구제·양원제 도입해 과도한 국회 권력 막아야

- 헌법 84조, 재임 중 발생한 사건에 한해서 불소추특권

- 임기 단축 개헌, 尹 탄핵 인용 여부와 관계없이 적용

- 미국식 상하원 제도 통해 과도한 국회 권력 행사 방지

- 계엄 2시간 만에 해제하는데…한 달이면 개헌도 충분

- 조기 대선 출마? 나라 걱정하는 마음에서 책임 고민 중

김영수: 이슈인터뷰 이어갑니다. 유정복 인천시장 만날 텐데요. 전국 시도지사들을 대표해서 지방분권형 헌법 개정안을 발표했습니다. 4년 중임제, 상하원제 도입이 포함이 됐고요. 최근 논란이 됐던 선관위 감사 위헌 판결, 또 헌법 제84조 대통령 소추권도 명확히 하는 내용이 포함이 됐습니다. 자세히 들어보겠습니다. 어서 오십시오. 안녕

하세요.

유정복: 안녕하세요.

김영수: 어제 국회에서 기자회견 하셨어요?

유정복: 그렇습니다.

김영수: 지방분권형 헌법 개정안, 어떤 내용인지 쉽게 설명해 주세요.

유정복: 지금 87년 헌법이 시대에 맞지 않는다. 지금 시대를 대변할 수 있는 새로운 헌법 체계가 필요하다는 것은 모든 정치권이 사실 공감하고 있습니다. 학자들도 공감하고 있고 국민들도 60%가 지금 개헌을 해야 될 때다. 그런데 지금이 적기다. 왜냐하면 이런 정치적 혼란 상황에서 개헌을 할 명분이 충분하기 때문이다. 이것이 지금 시대 정신은 새로운 헌법을 요구하고 있다. 그런 차원에서 많은 분들이 헌법 개정을 얘기하고 있지만 실질적으로 개정안을 마련해서 발표한 건 제가 아마 처음인 것 같습니다. 핵심 내용은 대통령과 중앙정부 국회가 갖고 있는 이런 과도한 권력을 분산함으로 인해서요. 대통령의 권한 국회의 권한을 합리적으로 조정하는 거죠. 합리적으로 조정함으로써 지금과 같은 국정 혼란을 막고 또 국가의 더 큰 미래를 만들어 갈 수 있는 기본법을 만든다는 것이 그 취지고요. 내용은 그거에 따라서 대통령 권한 조정을 위해서는 지방분권 강화라든가.

김영수: 대통령의 권한 가운데는 어떤 권력을 지방에 넘기는 거에요?

유정복: 지금 우리나라는 국가, 즉 중앙정부 중심의 강한 권력 체계를 갖고 있고 또 이것이 실질적으로 지방이 거의 지방자치가 유명무실하다는 이런 게 아직도 지속되고 있는 것이 현실입니다. 그래서 실질적으로 이거 국민은 곧 주민 아닙니까? 그 지역 주민들에게 돌려주는 진정한 민주주의를 실현시켜야 된다 하는 것을 토대로 해서 중앙정부가 갖고 있는 권력이 지방 정부에 합리적으로 배분되도록 하는 부분이고요. 그 외에 국회 권력은 지금 사실 아시다시피 이렇게 국회가 의회 독재다, 폭거다 하는 얘기가 나올 정도로 과도한 권력 행사를 하는 것, 그 이면에는 사실 국회의 구성이 지금과 같은 절대적인 권력 행사를 할 수 있는 구조로 돼 있는 걸 들여다보면요. 국민이 사실 여당 야당에 대해서 5% 남짓 되는 투표 차에 비해서 사실 권력은 집중적으로 편중이 돼 있지 않습니까? 이걸 막기 위해서는 중대선거구제를, 선거 제도를 바꾸고 그다음에 양원제를 둬서 하원에 이런 고도의 정치적 이해관계에 예민한 부분을 조정할 수 있는 기능이 있어야 된다. 이런 등등의 내용이 과도한 국회 권력을 막는 장치가 된다는 얘기죠.

김영수: 이런 개헌안 마련하기 위해서 시도지사들이 머리를 맞댔나 봐요. 어떤 절차와 과정을 거친 겁니까?

유정복: 저는 대한민국 시도지사협의회회장으로서 이 개헌안을 마련해서 이미 10여 일 전에 각 시도지사들에게 이런 안에 대한 의

견 조회를 했습니다. 당연히 그렇게 했고 거기에 대해서 일부 이견들이 있는 거는 최대한 조정을 해가면서 최종안을 만들어 왔고요. 다만 계속 논란이 되고 있는 두세 가지 문제에 대해서 추가적으로 의견을 줘야 하는데요. 이건 어제 제가 국회에서 개정안을 발표했기 때문에 시간적 여유가 없어서 전화로다가 이러이러한 내용이다 하는 것을 이미 다 얘기를 했습니다. 한 두 분의 시도지사가 전화 통화가 안 됐을 뿐이고요.

김영수: 김관영 지사나 오영훈 제주지사는요?

유정복: 통화는 했죠. 통화는 했고 그 통화상에는 크게 문제 제기는 안 했고요. 다만 제주지사는 이 내용을 보내달라고 해서 어제 보내줬는데요. 그 후 어제 이런 부분에 대해서 반대 의견을 냈는데 그 반대 의견 자체도 저는 다 개인 정치인의 의견이고 앞으로 이것이 국회에 제출된 안이 아니라 이런 토론회를 거쳐서 국회에서 합리적으로 결정해 가면 되는 것이죠. 그런데 거기에 다른 데는 다 이론이 없는데 분권형 개헌에 대해서는 뭐 100% 다 찬성을 하고 한두 분 조문에 대해서 이견이 있는 것으로 어제 얘기들을 하는데요. 그거는 앞으로 국회에서 합리적으로 조정해 나가는 것이고 그 핵심적인 사항이 사실 헌법 84조거든요.

김영수: 헌법 84조 이야기 좀 해볼까요? 어떻게 바꿔야 된다고 보세요?

유정복: 헌법 84조에는 이렇게 돼 있지 않습니까? 대통령은 내란 외환의 범죄를 제외하고는 대통령 재임 중 형사상 소추를 받지 아니

한다 이렇게 돼 있거든요. 그러니까 대통령이 되고 나서는 형사 사건으로 소추 기소되지 않고 재판받지 않는다. 이런 뜻인데요. 지금 논란이 되고 있는 겁니다. 재임 중에 형사상 소추를 받지 아니한다는 것이 재임 중에 발생한 사건에 한하느냐. 재임 이전에 발생돼서 재판이 진행 중인 부분까지도 정지되는 것이냐. 이 부분에 대해서는 아직 정해진 게 없습니다. 즉 법이라고 하는 것은 흠결을 치유해서 법적 안정성을 기하는 것이 당연한 거 아니겠습니까? 그래서 이번에 개헌안에는 대통령은 내란 외환의 범죄를 제외하고는 대통령 재임 중에 발생한 형사 사건에 한해서 소추를 받지 아니한다 이렇게 하면 명확하지 않습니까?

김영수: 그 안에 재임 중이라는 표현이 들어가야 된다는 말씀이세요?

유정복: 재임 중은 지금도 들어가 있는데요. 재임 중 발생한 형사 사건에 대해서는 형사소추를 받지 않는다 즉 대통령이 되고 나서 어떤 일반 형사사건이 소추되지 않는다. 다만 그 전의 문제는 어떻게 할 것이냐를 이번 헌법에 담았기 때문에 전에 재판이 진행되는 부분은 중지되지 않는다.

김영수: 이재명 대표의 입장에서는 반대하겠는데요?

유정복: 그런 것 같습니다. 당연히 이 문제에 지금 관계되는 부분은 이재명 대표가 되기 때문에 이재명 대표 측에서는 이 부분에 대해서 대단히 불편하겠죠.

-중략-

김영수: 알고 있습니다.

유정복: 그래서 이런 정계 원로 그래서 헌정회 그리고 헌법학회 그리고 시민단체 경실련을 비롯한 시민단체가 다 연대해서 국회에서 토론을 하는 겁니다. 물론 대한민국 시도지사 협의회가 중심이 되지만 그렇게 해갖고 이거를 공론화를 하는 것이죠. 그래서 지금 개헌에 대해서는 지금 단적으로 얘기하면 민주당의 이재명 대표를 제외하고는 모든 주요 정치인이라든가 학계라든가 다 공통적으로 지금이 최적기다. 지금 어떻게 보면 권력 공백기와 같은 때만이 일을 할 수 있다. 왜냐하면 대통령이 되고 나면 쉽지가 않습니다. 자기 권한을 내려놓는 게 쉽지가 않거든요. 그래서 지금이 적기다 하는 것이 지금 우리가 추진하고 있는 7일 날 국회에서 제가 개헌 대토론회를 하는데요. 여기에 정대철 회장님부터 해서 유력한 정치인들이 대부분 참석하거나 또 서면으로 축사도 보내주고 이렇게 하고 예외 없이 지금 그렇게 하고 있어요.

김영수: 개헌이 필요하다는 데는 여야 원로 정치인들도 같은 의견이더라고요. 그런데 시점을 봤을 때 지금 두 달 만약에 조기 대선이 이루어진다면 두 달, 세 달 정도밖에 남지 않았잖아요. 그게 가능할까요?

유정복: 정대철 회장님 말씀이 한 달이면 충분하다 이렇게 말씀을 할 정도인데 이렇게 돼 있습니다. 개헌의 절차가 공고와 그다음에 국

회에서의 의결을 거쳐서 국민투표를 하지 않습니까? 국회 의결은 여야가 합의해서 마음만 맞으면 하루만 해도 될 수 있는 거죠. 계엄을 2시간 만에 해제하지 않습니까? 그러니까 그거는 60일 이내에 헌법에 규정되어 있지만 실질적으로 한다고 하면 지금 준비해 갖고 바로 국회에서는 의결하면 되는 겁니다. 그다음에 국민투표를 거치면 되기 때문에 실질적으로 시간 여유가 없다는 건 핑계에 지나지 않는다. 모두가 다 지금이 적기다 이렇게 얘기하고 있지 않습니까? 그리고 또 하나는 이것은 탄핵이 예를 들어서 지금 헌재가 진행되는 가운데서도 개헌 문제는 대단히 유효하게 그 법적 효력을 갖고 갈 수 있고요. 탄핵이 기각되더라도 역시 앞으로 대통령 선거를 치러야 되는 즉 윤 대통령도 말씀하신 임기에 연연하지 않겠다고 했듯이 이거는 지금 모든 분들이 다 공감하고 있는 부분이기 때문에 자꾸 시간의 문제라든가 이거는 하나의 안 될 구실을 찾기 위한 정치적 이해관계가 있는 사람의 주장일 뿐이죠. 이 부분을 합리적으로 생각하고 또 이걸 정확하게 일정을 아시는 분들은 지금 하는 때가 아니다 이렇게 얘기하는 사람이 없습니다. 오직 이재명 대표만 지금은 때가 아니다 이렇게 하는 것은 자기의 정치적 유불리를 판단해서 그러기 때문에 지금 그래서 소위 민주당 출신의 국회의장 그리고 또 헌정회장 그리고 전직 총리 국회의장 대표들이 어저께 서울대학교에서 토론을 할 때도 모두가 한결같이 개헌의 필요성을 얘기하지 않습니까?

김영수: 알겠습니다. 개헌을 하려면 일단은 여야 국회의원들이 머리를 맞대야 되잖아요. 야당에서 반대한다면 사실상 지금 어려운 상황이고요. 물론 지금 토론회도 열고서 다양한 방안들이 논의가 되겠

습니다만 중대선거구제 개편 관련해서는 선거 때마다 계속 나왔어요. 그런데 결국은 여야가 논의하는 과정에서 성사가 되지 못했잖아요. 대표적으로 22대 총선 때 보면 지역구 투표율 민주당 50%, 국민의힘 40%였는데 의석수는 민주당 161석, 국민의힘 90석이었어요. 이걸 중대선거구로 바꾸면 달라지는 겁니까?

유정복: 당연하죠. 지금은 지금 22대의 경우는 5.4% 득표율 차이가 났지만 의석수는 70석 이상 차이가 납니다. 그러면 국회에서 사실은 3분의 2에 가까운 의석을 갖게 되면 그것은 거의 의회의 독재적인 그런 발상에 의해서 지금과 같이 탄핵이 난발되고요. 또 법을 무분별한 법을 양산하고 심지어는 예산을 자의적으로 심의 의결하고 이런 문제들이 생기지 않습니까? 그래서 의회의 가장 중요한 부분은 국민 의사를 반영된 균형 있는 그런 국회의 기능을 회복하는 거거든요. 그렇게 하기 위해서는 중대선거구제가 필요하다고 하는 것은 중대 선거구제를 할 때 5% 차이에 의해서 이게 일방적인 국회가 구성될 수가 없습니다. 어떤 경우도 중대 선거가 되면은 아마도 50 몇 대 40 몇 구도가 되고요. 또 다당제가 소수당도 진출할 수 있는 기회가 되고 이러기 때문에 오히려 국회가 안정적으로 된다. 즉 의회가 마음대로 다수당이니까 횡포를 부릴 수 있는 국회가 되지 않는다. 이것이 거의 정설입니다. 또 그런 의미에서 여야가 머리를 맞대고 정치적 이해관계에 젖을 게 아니라 나라의 장래와 국민의 이익을 생각해서 대승적 판단을 해 주기를 바라는 겁니다.

김영수: 여야 시도지사협의회에서 시도지사들이 이렇게 개헌에 적극적으로 나서는 배경은 뭐라고 봐야 돼요?

유정복: 우선은 모두가 다 지방 정부를 대표하는 시도지사들은 곧 17개 시도가 대한민국 아닙니까? 중앙 정부가 있고 지방 정부가 있으면 지방 정부는 가장 민심에 가깝고 주민들의 삶을 보듬는 현장에 있는 정치인들입니다. 그래서 지금은 중앙정부나 대통령 국회가 갖고 있는 이 권한의 잘못된 부분을 합리적으로 분권화시켜야 되는 부분에 대해서는 모두가 공감을 합니다. 그래야만 대한민국의 미래가 있다 지방자치를 제대로 하는 그런 분권형 개헌이 이루어져야 된다는 데에 대해서 공감을 하고 있는데 지금 이 상황이 정말 적기이고 그래서 모두가 개헌에 대해서 동참을 하는 것이고요. 다만 아까도 말씀드리지만 아주 정치적으로 이해관계 해석할 수 있는 부분에 대해서는 뭐 반론이 있을 수 있는데 그건 그거대로 좋은 겁니다. 그건 그만큼 그 문제가 굉장히 이슈가 되고 쟁점이 된다는 얘기인데 그거는 앞으로 실질적으로 국회에서 법안을 처리하는 과정에 논의가 될 부분이죠.

-하략-

# 사진과 함께 보는 발자취

● 1957년 인천 송림동 출생

　1953년 휴전이후 수도국산 기슭에는 실향민들이 모여들어 삶을 영위했다. 나는 실향민인 부모님 슬하의 4남 3녀 중 여섯째로 인천시 동구 송림동에서 태어났다.

● 1970년 인천 송림초등학교 졸업

　내가 졸업한 송림초등학교다. 당시 송림초교는 한 반이 80~90명에 이를 정도로 콩나물 교실이었다. 우리 7남매는 모두 송림초교 동문이다.

● 1973년 인천 선인중학교 졸업

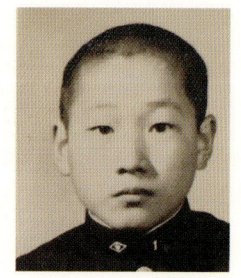

　나는 인천에서 가장 학생수가 많은 선인중학교를 졸업했다. 공부보다는 축구에 빠져 있었지만 늘 장학생 배지를 달고 다녔다.

● 1976년 인천 제물포고등학교 졸업

 당시 인천·경기지역 최고의 명문인 제물포고등학교는 무감독 시험을 치르는 학교다. 나는 '학식은 사회의 등불, 양심은 민족의 소금'이라는 교훈을 가슴에 새기며 살아오고 있다.

● 1979년 대학교 재학 중 행정고시 합격(22세)

 대학입학 후 무전여행식으로 제주도 여행을 하는 등 청춘의 낭만을 즐기다가 마음을 다잡고 행정고시에 응시해 4학년 때 합격했다.

● 1980년 연세대학교 정치외교학과 졸업

 박정희 대통령 서거라는 국가적 위기 상황과 정치 사회적 혼란 속에서 내가 국가를 위해 할 수 있는 일이 무엇인지와 불확실한 미래에 대해 고민을 하며 대학을 졸업했다.

## 사진과 함께 보는 발자취

● 1981년 육군학사장교 1기 임관

나는 사무관 임용 후 학사장교에 지원, 육군 소위로 임관해 강원도 최전방 백두산 부대 소대장으로 병사들을 지휘하며 통솔력을 배양하고 육군 중위로 전역했다.

● 1987년 내무부 발령

군 전역 후 강원도 사무관을 거쳐 내무부 지방자치 기획단, 장관비서실, 재정국과 행정국의 주요 부서를 거치며 실무를 익혔고 훗날 내무부와 총무처를 통합한 행정안전부의 장관이 되었다.

● 1993년 경기도 기획관

내무부에서 경기도 기획관으로 발령을 받고 경기도와의 인연을 맺었다. 이때 전국에서 최연소 국장이라는 기록을 갖게 되었다.

●1994년 김포군수

만 36세의 나이로 제 33대 김포군수에 취임했다. 전국 최연소 군수라는 기록과 함께 수도권이면서도 농촌에 머물고 있던 김포의 변화와 발전을 위해 모든 역량을 발휘했다.

●1995년 인천광역시 서구청장

민선1기 지방선거를 앞두고 인천광역시 제5대 서구청장으로 발령을 받고 취임했다. 김포주민들이 찾아와 민선군수 출마를 요구하며 농성했다. 운명을 가르는 기간이었다.

●1995년 초대 민선 김포군수

선거 25일을 남겨 둔 상태에서 혈연, 지연, 학연이 없는 무연고 지역에 무소속으로 출마해 초대 민선 김포군수에 당선됐다. 정치인으로 운명이 바뀐 순간이기도 하다.

## 사진과 함께 보는 발자취

● 1998년 초대, 2대 김포시장

군수 당선 후 조선시대부터 366년 동안 군으로 머물렀던 김포를 시로 승격시키고 초대 시장이 되었고 이어서 제2대 김포시장에 재선되어 김포발전을 견인했다.

● 2004년 17대·2008년 18대·2012년 19대 국회의원

제17대 국회의원 당선을 시작으로 18대, 19대 국회의원을 역임하면서 국가와 국민을 위한 중앙 정치인으로 존재감을 키워나갔다.

● 2010년 농림수산식품부 장관

18대 국회의원으로 활동하던 중 이명박 정부에서 제59대 농림수산식품부 장관에 임명됐다. 쌀값, 배추값 파동을 해결하고 구제역 발생으로 야전침대에서 생활하며 이를 극복했다.

● 2012년 대한민국 국민생활체육회 회장

평소 체육에 대한 관심이 많았던 나는 (사)한국전통무예총연합회 총재를 역임한 데 이어 국민생활체육회장에 취임해 생활체육 활성화에 앞장섰다.

● 2013년 행정안전부 장관

19대 국회의원으로 국정 수행을 하던 중 박근혜 정부 출범과 함께 행정안전부 장관에 취임했다. 사회안정망 확보와 선진 행정혁신, 지방자치 정착 및 발전에 전념했다.

● 2014년 민선6기 인천광역시장

시대적 부름에 따라 운명처럼 민선 6기 인천시장에 출마해 출구조사를 뒤집으며 당선됐다. 인천 출신 최초의 인천시장으로 인천가치재창조사업을 전개했다.

## 사진과 함께 보는 발자취

● 2018년 미국 조지워싱턴대학 초청 방문학자

평범한 생활인이 된 후 더 넓은 경험과 세계에 대한 안목을 키우기 위해 미국 조지 워싱턴대학 방문학자(Visiting Scholar) 생활을 마치고 9개월 만에 귀국했다.

● 2019년 (재)국민건강진흥재단 이사장

미국 조지워싱턴대학 객원연구원 생활을 끝내고 귀국한 후, (재)국민건강진흥재단 이사장으로 일하며 100세 시대에 부응하는 국민건강증진을 위한 활동을 해왔다.

● 2021년 윤석열 대통령경선후보 공동 선대위원장

제 20대 대통령 선거를 앞두고 윤석열 경선 후보 공동 선대 위원장을 수락하여 정권 교체에 앞장섰다.

● 2022년 민선 8기 인천광역시장

민선 6기 시장 퇴임후 4년 만에 인천 시장에 재 도전하여 인천 출신 최초의 재선 인천 시장이 되었다.

● 2025년 대한민국 시도지사협의회 회장

2025년 대한민국 시도지사 협의회 회장에 선임된 후 지방분권형 헌법 개정 국회 대토론회를 개최하기도 했다.